法学六論

余荣洲◎著

中国政法大学出版社

2011·北京

图书在版编目（CIP）数据

法学六论 / 余元洲著. —北京：中国政法大学出版社，2011.6

ISBN 978-7-5620-3964-8

Ⅰ.法… Ⅱ.余… Ⅲ.法学-研究　　Ⅳ.D90

中国版本图书馆CIP数据核字(2011)第107428号

书　　名	法学六论 FAXUE LIULUN	
出版发行	中国政法大学出版社(北京市海淀区西土城路25号)	
	北京 100088 信箱 8034 分箱　邮政编编 100088	
	邮箱 dengchuangye2764@sina.com	
	http://www.cuplpress.com（网络实名：中国政法大学出版社）	
	(010)58908290 编辑部) 58908325(发行部) 58908334(邮购部)	
承　　印	固安华明印刷厂	
规　　格	880mm×1230mm　　32 开本　　8 印张　　200 千字	
版　　本	2011 年 7 月第 1 版　　2011 年 7 月第 1 次印刷	
书　　号	ISBN 978-7-5620-3964-8/D·3924	
定　　价	20.00 元	

目录

第三部分　宪法革命论

第四部分 │ 沉默权与中性推定论

第一部分　道法论

第 1 篇　道法论渊源

法学研究的对象不仅是法律现象，更重要的是法律产生及演进的规律。相应地，法学研究的任务，不仅是解释法律，更重要的是揭示法律，而且，不仅要揭示各种法律规范的相互关系，更重要的是揭示法律现象与其他社会现象之间的关系，揭示法律现象背后的决定因素和客观基础，揭示法律规范所以产生、演变、进化、发展的内在规律。这就涉及"道"与"法"的关系问题。

一、中国古代哲学中的"道"

道，英文译作 Tao，原本是中国古代哲学中的一个概念。这里，我们将它借用来是为了表达一种马克思主义的法哲学思想，即笔者关于"道法论"的观点。但由于是从中国古代哲学中借出来的，因此也就有必要对它的原义及其演变作一简单的介绍。

道在中国古代哲学中是一个非常重要的概念和范畴，最早产生丁殷周时期，其初始意义为道路（《说文解字》："道，所行道也"），引申为规律（如《易经》之道）。随着社会实践活动范围的扩大及人们思维能力的提高，道的涵义也逐步扩大和深化。

春秋时期，儒家和道家的创立者孔子和老子各自从不同的角度发展了天道和人道的思想。孔、老之后，大体生于同一时代（战国时期）而分属儒、道两家的荀子和庄子几乎不约而同地认识到道是客观存在的规律。庄子继承老子的传统，注重天道自然，同时追求人与天地精神合而为一的境界，强调人的精神超越和自由。但他还是看到了客观规律即道的不可违逆性，指出："道者，万物之所由也，庶物失之则死，得之则生，为事逆之则败，顺之则成"（《渔父》）。这是非常可贵的。生卒稍晚一些的荀子也说："夫道者，所以变化遂成万物也"（《荀子·哀公》），即认为道是天地万物运动的总规律。在此基础上，他提出"天有常道矣，地有常数矣，君子有常体矣"（《天论》），将道划分为天道、地道和人道，并认为天道和人道既相分又相合（相互联系）：人因有"知之能"，故可"通于大道"并"制天命而用之"，即认识和利用天道来为自己服务。

此一时期，除了孙武、孙膑的兵家之道及《管子》的杂合道论外，最重要的就是法家道论，特别是韩非的"因道全法"思想。对此，我们在后面还要谈到。

整个先秦时期，道的概念和范畴经历了由最初产生、逐步发展、演变到基本形成的全过程。此后，秦汉隋唐宋元明清以至近代，各思想家围绕"道"这个中心范畴展开论争，形成了许多哲学派别，如汉代的黄老学派、隋唐的佛教道论、宋代程朱以理为道、元明时期的心学之道、明清之际的气器道论及近代中国的人道主义等，使道的概念在内容上不断充实，为我们以马克思主义观点研究道法关系理论提供了丰富的思想素材。

二、中国古代的道法论萌芽

由于世界上任何一种哲学思潮归根到底都是为政治即治理国家的活动服务的，中国哲学也不例外，又由于法是治理国家的基本工具，因此，在中国古代哲学关于道范畴的讨论中，就很自然地涉及法与道的关系问题。

荀子是第一个明确提出利用大道为人类服务的思想家。他一方面承认"天有常道"，另一方面又强调"道者，……人之所道也，君之所道也"（《儒效》），把道看做人们必须遵守的社会准则。当然，荀子所理解的人道（社会准则）不仅包括政令刑罚等法律规则，而且还包括仁义礼让忠信等道德准则。但他已明确地将道与法相提并论，指出："道之与法也者，国家之本作也"（《致士》）。"至道大形，隆礼重法则国有常。""道存则国存，道亡则国亡。"（《君道》。）他甚至提出"无道法则人不至"（《致士》）的论断，包含有将"法"区分为"道法"（即有道之法、合道之法）与"非道法"（即无道之法、不合道之法）的意思在内，是"道法论"思想的最早萌芽。

与荀子处同一时代而生卒稍晚的韩非，是法家思想的集大成者。他继承早期法家的法治之道，又批判地吸收了老子之道，形成了自己较为完整的"因道全法"道论思想。

第一，韩非认为，道是宇宙万物的本体和本原。"道者，万物之所然也，……""以为近乎，游于四极；以为远乎，常在吾侧；以为暗乎，其光昭昭；以为明乎，其物冥冥，而功成天地，和化雷霆，宇内之物，恃之以成。"（《解老》）。并将道看做治国济世是非成败的根本和依据。"道者，万物之始，是非之纪也。是以明居守始以知万物之源，治纪以知善败之端。"（《主道》）

第二，韩非将道看做万事万物运动变化的总规律。"道

者，……万理之所稽也。""万物各有理，而道尽稽万物之理。"（《解老》）

第三，韩非认为道是没有外部固定形状的内在必然性，是不可违逆的客观规律。"凡道之情，不制不形，柔弱随时，与理相应。万物得之以死，得之以生；万事得之以败，得之以成。"（同上）

第四，道是人们从其所显现出来的现象和所表现的功用中可以认识和把握的。所谓"今道虽不可闻见，圣人执其见功以处见其形"就是这个意思。

第五，韩非亦将"道"理解为赏罚之道和治国之工具。"夫赏罚之为道，利器也"（《内储说上》）。"夫严刑重罚者，民之所恶也，而国之所以治也；哀怜百姓，轻刑罚者，民之所善，而国之所危也"（《奸劫弑臣》）。

第六，韩非认为法是治国的根本，而道是立法的依据（法的根据），是"有国之母"。"法者，王之本也"（《心度》）。"母者，道也；道也者，生于所以有国之术；所以有国之术，故谓之'有国之母'"（《解老》）。

这里，所谓"有国之术"，就是法治之术。法治之术依道而制定，因道而实行。因此，道是国家赖以生存发展的基础和根据，是"有国之母"。这就是韩非"以道为常，以法为本"（《饰邪》）的"因道全法"思想。

韩非之后，西汉初年的黄老学派也对道法关系有较为精辟的论述。

在黄老学派那里，道是通于太虚的万物本原和本体，同时也是不以人的意志为转移的内在必然性和不可违逆的客观规律。在此基础上，黄老学派提出了他们的道法关系见解。

黄老学派主张以法治国，认为法是判定是非和实行赏罚的准绳，因而是治国安邦的保证。"法者，引得失以绳，而明曲直者也"（《道法》）。但立法不能随心所欲，而必须根据道的法则和要求来制定并执行。"道生法","执道者,生法而弗敢犯也,法立而弗敢废也"(《道法》)。

这就是中国古代关于道法关系的朴素认识,可谓"道法论"思想的萌芽。

三、近代变法人物对道法关系的认识

谭嗣同是戊戌变法时期激进的思想家。他的道论首先是继承明清以来(特别是王夫之等人)"寓道于器"的唯物论思想,明确提出"道依于器",揭示了道是事物本身的规律和属性,批判了程朱陆王等人的唯心主义虚幻之道。在此基础上,他提出了自己关于变道与变法的思想。

谭嗣同正确地认识到道在器中,故尔器变则道必变。他进而把法也看做器,由"道存于器"推论出"道存于法",故尔,法变则道必变,离开了器或法,则"道将不道"。他说:"三代儒者,言道必兼言治法,……自言道者不依于法,且以法为粗迹,别求所谓精焉者,道无所寓之器,而道非道矣"(《报贝元徵》)。

这里,显然,他已犯了转移概念的错误。因为,道虽寓于器,但本体意义上的器(物质世界)与派生意义上的器(国家制度和法律)是两种不同的器。道存于器,就前一种意义上的器而言,可以说一切规律和属性都是物质世界的规律,是故,无器即无道可言;但就后一种意义上的器而言,则道存于器只能理解为道由器来体现,无器即无法体现道的要求。这样,就其本来的关系而言,就是道变要求法变,而不是相反地法变导致道变。这是谭嗣同对道法关系认识上的根本失误。

应当指出,谭嗣同的上述错误是有一定的历史背景和特定原因的。这个背景就是,一方面,先前的程朱理学从天道推出三纲五常为道(人道)。这样,要变更当时不合时宜的法(国家制度），就必先变此不合理的理学之道。另一方面，当时反对变法的顽固派认为三纲五常是国家的根本原则和永恒不变的"天道"，它决定一切具体的典章制度。因此，道是本，器是末，器可变而道决不可变。谭嗣同的变法与变道之说就是针对这些谬论而发的。但以我们今人的眼光看，这在理论上并不是正确的方法。

事实上，依笔者之见，如果我们将"器"理解为客观事物，将"性"理解为事物的属性，将"道"理解为事物的规律，将"理"理解为规律的原理，将"形"理解为规律的表现，将"法"理解为国家的制度规范，那么，显然，"器"是本体、本原，"性"是"器"之所属的性质，"道"则是由"器"之"性"所决定的客观必然性或一事物与他事物之间客观存在的内在的和本质的联系即规律，"理"是由"性"所决定并可用以解释和说明客观规律（即"道"）之所以如此的原理，"形"则是"道"的各种各样的具体表现，而"法"则是"形"的一种，即"道"的一种特定的体现或表现，它受"道"的决定和制约，根据"道"的内在要求于适当的时间、地点且以适当的方式产生、存在、演变、发展并发挥作用。这样的话，变法的根据就是道本身已演进的内在要求；道既已变，法若不变，则必然会"长此以往，法将不法"。至于道为什么会发生新旧替代的演进，那是由于事物由本身的性质所决定在道的作用下发生了新旧更替的变化，[1]并有一定的原理（即马克思主义的历史唯物论原理）对此给以解释和支持。这样，就可以避免谭嗣同把道法关系搞乱的错误。

与前人相比，谭嗣同的一大功绩是：明确否定了"天不变，道亦不变"的错误思想，针锋相对地提出"天"在变，"道"

─────────────

〔1〕 参见斯大林："前苏联社会主义经济问题"第1部分，载《斯大林选集》（下卷），人民出版社1979年版，第541页。

与"法"亦随之而变（与时俱变）的思想。他说："法之与时俱变也，所谓汉唐无今日之道，今日无他年之道……也。且无不能终无，可有尤必应亟有"（《报贝元徵》）。顺便说一下，江泽民同志关于马克思主义发展要"与时俱进"的讲法，可谓与此甚合。

康有为是戊戌变法的主谋人物，他的道论思想在本体论方面并无建树，而其所提出的"变者天道"之论则不无新意。

康有为认为，人类的历史是发展变化的历史。"夫自有人民而成家族，积家族吞并而成部落，积部落吞并而成邦国，积邦国吞并而成一统大国。……天道人事之自然者也。"（《大同书》乙部。）"夫物新则壮，旧则老；新则鲜，旧则腐；新则活，旧则板；新则通，旧则滞：物之理也"（《上清帝第六书》）。"盖变者，天道也。天不能有昼而无夜，有寒而无暑，天以善变而能久；人自童幼而壮老，形体颜色气貌，无一不变，无刻不变。"（《进呈〈俄罗斯大彼得变政记〉序》。）而且，这种变化是有规律的、合道的。他说：

"人道进化，皆有定位，自族制而为部落，而成国家，由国家而成大统；由独人而渐立酋长，由酋长而渐正君臣，由君主而渐至立宪，由立宪而渐定共和；由独人而渐为夫妇，由夫妇而渐定父子，由父子……而渐为大同，……盖据乱进为升平，升平进为太平，进化有渐，因革有由，验之万国，莫不同风。"（《论语注》卷二）

无疑，康有为这种"变者天道"的进化论思想是为当时的变法服务的。虽然他的最终理想志在大同，但知"千里之行，始于足下"，大同路远，自变法始。这是他的策略原则。康有为道论的另一个显著特点是吸收了西方天赋人权及自由、平等、博爱思想的人道主义。他反对将弱肉强食的"丛林法则"引入社会领域，反对将自然之道简单地当做社会之道。是故，他的社会进化思想根本上不同于社会达尔文主义的进化理论。这是他的不同寻常和伟大之处。

四、西方法律思想史上的道法论因素

由于"道"的概念和范畴为中国哲学所专有，西方法学史上也就不可能有真正的道法论思想。但是，对于这一点我们不能做绝对的理解。比如，西方源远流长的自然法学说就包含有道法论的某些因素。

自然法学说的要义是：在人类的社会秩序之上有一个更高的自然秩序，相应地，作为确定社会秩序之制度规范的人定法律（lex or man-made law）就必须遵循这一自然秩序所体现的自然法规范而不能违反它。否则，就会受到必然的惩罚。这种自然法规范就类似于笔者所谓道法论中的"道"。比如，公元前300年前后形成的古希腊斯多噶学派的自然法思想就是这样。这个学派对自然法的表述可以以克里西普所著《论主要的善》（又译《论目的》）一书中的一段话作为代表，他说："我们个人的本性都是普遍本性的一部分，因此，主要的善就是以一种顺从自然的方式生活，这意思就是顺从一个人自己的本性和顺从普遍的本性；不做人类的共同法律惯常禁止的事情，那共同法律与普及万物的正确理性是同一的，而这正确理性也就是宙斯，万物的主宰与主管。"[2] 正是这种"正确理性"或自然理性充当着一切人间法律和正义的基础。显然，这里所说的"正确理性"或"自然理性"就指的是，或至少在某种意义上可以被理解为，我们现在所说的"道"。

与道法论相比，自然法学说的最大缺陷在于：人类的社会秩序及其制度规范并不取决于自然秩序，而是取决于生产力的

---

〔2〕 转引自何勤华：《西方法学史》，中国政法大学出版社1996年版，第23～24页。

发展程度或发展水平以及由生产力发展所决定并受其制约的社会生产关系的演化和进步程度。相反，真正的"自然秩序"即完全由弱肉强食的"丛林法则"（the jungle law）所调节的秩序只是在人类尚未从动物界分离出来之前，也就是尚未完成"社会化"之前，存在于人类的祖先。人类脱离野蛮时代进入文明社会之后，弱肉强食的"丛林法则"虽仍然存在并起作用，但毕竟是递减函数——这也是由"道"所决定的——，且无论如何不是自然法学派所期望的那种作为人定法之指导原则的"自然法"。正因为如此，古希腊和罗马帝国之后的法学家们试图通过将"自然法"（Natural Law）和"自然法则"（Natural Laws）区分开来的办法来避免这一矛盾，[3] 效果并不理想。我们知道，近现代以来的自然法学说并不强调自然法的自然性，而是强调它的道德伦理价值和价值标准。[4] 但是又会出现以下问题：

第一，这样一来，自然法的各种规范（规则和原则）就不再是来自"自然"，而同样是来自社会了。因此，自然法的"自然"二字也就只有"当然"之意，相应地，"自然法"也就被理解为"理所当然之法"。这样，自然法学说也不再是"自然法"学说，而成了"当然法"学说，抑或后来的所谓"价值论法学"。

第二，无论是古代的、经典的还是现代的新自然法学说，都不能说明"当然法"何以如此"当然"及何以如此地产生、发展、演化和进步，也不能说明法律的价值标准何以产生、何以演进及这些价值标准何以在此时此地此种条件下得以在人定法中体现或实现，而在彼时彼地彼种情形下却得不到实现。本篇所说的道法关系论或"道法论"，则可做到所有这一切。

---

〔3〕 参见夏勇：《人权概念起源》，中国政法大学出版社 1992 年版，第 91、110 页。

〔4〕 参见沈宗灵：《现代西方法理学》，北京大学出版社 1992 年版，第 38 页。

法学六论

五、道法论的要义与意义

那么，什么是"道法论"呢？

所谓"道法论"，是笔者将唯物史观应用于国内法与国际法之统一法理学研究所得出的对于马克思主义法哲学思想的一种中国化表述。

马克思在论述法律与商品经济发展的关系时曾经说过："法也和宗教一样是没有自己的历史的。"[5]"法的关系正像国家的形式一样，既不能从它们本身来理解，也不能从所谓人类精神的一般发展来理解，相反，它们根植于物质的生活关系。"[6]因此，"立法者应当把自己看做一个自然科学家，它不是制造法律，不是在发明法律，而仅仅是在表述法律，……如果一个立法者用自己的臆想来代替事物的本质，那我们就应该责备他极端任性。"[7]

事实上，当今世界的法学家们，除了极端的实在法学派之外，一般都承认在实在法之上有一种看不见的东西对实在法起着决定和（或）制约性的作用。这种看不见的东西，有人称之为"自然法"（相对于实定法），有人称之为"客观法"（相对于主观法），有人称之为"内在法"（相对于外在法），有人称之为"应然法"（相对于实然法），等等，不一而足。

在上述各种表达中，"内在法"和"客观法"相对于"自然法"显然更科学也更符合马克思主义一些。但是与"道法论"相比，仍然有所不足，不能准确地表述马克思主义的法哲学原理。这是因为，内在法和客观法既不是真正的法，也不是道法

---

〔5〕《马克思恩格斯全集》第3卷，人民出版社1960年版，第71页。

〔6〕《马克思恩格斯选集》第2卷，人民出版社1972年版，第82页。

〔7〕转引自李龙主编：《法理学》，武汉大学出版社1996年版，第45页。

论中"道"所指的规律（即内在的客观必然性）本身，而是由这种规律所决定的应有之法或应然之法，因而不能说明自身的产生、演进及实现条件和原因等。"道法论"就不同了。

"道法论"承认实然法与应然法区分的必要性和合理性，但认为应然法并不是法，而是由事物本身的内在客观必然性（即道或规律）所决定和要求的应有而尚未实现的潜在制度规范。因此，人类社会法律现象及各法律规范的产生、发展、演化、进步以及法的伦理道德价值标准（如公平、正义等）在实然法中的体现或被实现及其程度，都是由"道"即客观规律所决定并受其制约的。这里，所谓法的道德伦理价值的实现问题，实际上也就是法（律）与德（律）的相互关系问题，包括"法德边界"的划分、推移、改变、部分重合以及在何时何地何种情形下发生这样那样的变化和重合等，[8] 所有这些都是由"道"决定的。一个社会的生产力发展到什么程度，生产关系从而该社会中各利益群体相互间的经济、政治乃至军事实力的对比格局和较量结局如何，也就决定了必然会有与之相应的法律规范及其价值标准产生和被实现。此即应然法以"道"为依据而实然法必然向应然法靠拢或趋近的原因。

显然，道与法的关系就像是经济学中价值与价格的关系一样：法可以偏离道的要求和指引而成为无道之法，且无道之法仍然是法，即"恶法亦法"（这点与自然法学派的看法不同），但由于事物本身内在的客观必然性即"道"的作用，无道之法终究会"长此以往，法将不法"，即为有道之法、合道之法所取代。这就是"道法论"的要义或精义所在。

道法论的意义有三：其一，可以为我们的法学研究指明方向、拓宽领域、更新方法；其二，可以为立法者和主政者提供

----

〔8〕 参见黄进："论当代法律的若干发展趋势"，载《法学评论》1997 年第 4 期。

指导或参考依据，促使其制定出尽可能合道的法律、法规，为国家的法制建设作出贡献；其三，对于那些对现实之法有所不满而谋求改革和变法之道的人们来说，一方面可以为其提供理论依据和法理支持，另一方面也可以教导其审时度势、因势利导，不为不合时宜之举和欲速不达、适得其反之事，从而对社会进步和法制变革同时发挥推进器和制动器的双重功用。

第 2 篇　道法论原理与马克思主义法哲学

一、从马克思的法哲学思想谈起

马克思主义认为，法是社会的上层建筑，"法的关系正像国家的形式一样，既不能从它们本身来理解，也不能从人类精神的一般发展来理解，相反，它们根源于物质的生活关系，这种物质的生活关系的总和"。[1] 因此，"立法者应当把自己看做一个自然科学家。他不是在制造法律，不是在发明法律，而仅仅是在表述法律，……如果一个立法者用自己的臆想来代替事物的本质，那么，我们就应该责备他极端任性"。[2] 在另一个地方，他更明确地指出："立法权并不创立法律，它只揭示和表述法律。"[3]

从马克思的上述说法里，人们很自然地会提出这样的问题，即：这种待立法者来"表述"的"法"究竟是什么？立法者或国家权力为什么必须要将它表述出来？如果立法者不这样做的话，我们为什么就应该责备他极端任性？

在马克思看来，法有两种：一种是经立法者表述出来的法，一种是待表述而尚未被表述为法律的"法"。后者，即隐藏在法的背后起支配和决定作用的潜在法律规范，在西方自然法学派

---

〔1〕　马克思："《政治经济学批判》序言"，载《马克思恩格斯选集》第 2 卷，人民出版社 1972 年版，第 82 页。

〔2〕　马克思："论离婚法草案"（1842 年），载《马克思恩格斯全集》第 1 卷，人民出版社 1995 年版，第 347 页。

〔3〕　马克思："黑格尔法哲学批判"，载《马克思恩格斯全集》第 1 卷，人民出版社 1985 年版，第 316 页。

那里称为"自然秩序"或"自然理性",在前苏联被称为"客观法"或"内在法"。而笔者认为,人类社会的法律规范及其演进,虽不能违逆自然规律,但也不是单凭"自然"就能决定的,某个地方某一时期的制度规范之所以这样而不是那样的原因也不是"自然秩序"或"自然理性"所能说明的。至于"内在法"和"客观法"等等提法,虽比"自然法"概念要科学一些,也有自己不可克服的缺陷。原因有二:第一,它们都不是什么真正的"法",而只是隐藏在法之背后起决定作用的内在因素;第二,更重要的是,它们都不能自己说明自己之产生、发展或演进规律,因而也就不能解释和说明由其所决定的法律规范之产生、发展或演进规律。

在这种情况下,笔者发现中国古代哲学中的一个范畴——道——可以用来指代这种隐藏在法律背后起支配和决定作用的内在客观必然性因素而没有前述诸概念之弊。道者,路也。道,就是由人们循以行走的道路这一具体事物逐步演化为不可违逆的客观规律这一抽象概念的。[4] 当马克思说立法者不是在"制造法律"或"发明法律"而是在"表述"法律时,他的意思是,国家权力的立法功能无非是将那些由不可违逆的客观规律即"道"所决定的潜在法律规范"表述为"(即转变为)实在法律规范,说到底,也就是将"道"表述为"法"。这样,道与法的关系理论即"道法论"(the Taoist Theory of Law)也就成为马克思主义法哲学思想之通俗化、系统化和中国化的表述。

与其他学说相比,道法论的优越在于:由于道所指的是自然界和人类社会的客观规律,而规律是不能违反的——如有违反,必受惩罚——任何人间法律都必须与之相合,如有未合,终必改变。道法论认为,无道之法就是恶法。虽然"恶法亦法"

---

〔4〕 参见张立文主编:《中国哲学范畴精粹丛书:道》,中国人民大学出版社1989年版,第5页。

（这与自然法学派的观点有所不同），因而可以强行于一时，但终究会"法将不法"。法律规范的演进和发展，如果偏离道所指引的方向，在道即客观规律的作用之下，也或迟或早终究要回到其所要求的轨道上来，就像商品价值以铁的必然性将偏离了价值基础的市场价格拉回到其所决定的水平上来一样。这就是道法论的要义。

然而，并不是任何时候任何的实在法律规范都是道的表述或体现。如果这样的话，道法论就失去意义了。恰恰相反，无论历史上还是现时代，都有实在法逆道而立、背道而行或至少落后于道之演进的情况。[5] 通常所说的"合法的不合理，合理的不合法"，讲的就是这种情况。

这样一来，问题就出现了：

第一，道与法为什么会背离？

第二，法既然可能与道背离，为什么又必须且必然与之相合？

第三，由道所决定的法的特点是什么？其演进有什么规律？等等。

所有这些问题，就是本文所要研究的。

二、哲学和法学中的道范畴

为了使前述诸问题得到解答，首先有必要对哲学中的道范畴和法学中的道范畴从概念上加以澄清。

这里，作为基础性的工作，顺便将定义、概念和范畴三者的区别加以探讨和说明。笔者认为，所谓定义，指用简略确切的语言对概念的内涵加以表述并对其外延加以限定，而概念是指关于事物或研究对象之一般的本质特性的概括和抽象。范畴

---

〔5〕 参见沈宗灵主编：《法理学》，高等教育出版社 1994 年版，第 33 页。

的特点则是：第一，它是概念，但不是普通的概念，而是有着一定地位、意义和作用的概念。也就是说，世界上的任何事物都有概念，并且，如果真下工夫的话，也都可以给出一个比较确切的定义，但其中的大多数不一定是范畴。第二，它往往是从学科的角度而言的，是指一个学科中有着一定地位、意义和作用的概念。第三，人们往往是从一个学科中各个堪称范畴的概念的相互关系的角度确定其是否为范畴及什么样的范畴的。比如，在马克思主义哲学中，物质、精神、社会存在、社会意识等是范畴；在中国哲学中，天、道、理、气、心、性、仁、知、器、法、术、势等是范畴；在马克思主义政治经济学中，价值、抽象劳动、可变资本、剩余价值、生产价格、地租等是范畴；在政治学中，民主、国家、公共权力、政治文化等是范畴；在民法学中，权利、契约和债等是基本的范畴；在国际法中，主权是最基本的范畴。而我们现在所谈论的"道"，则既是哲学中的范畴，又是法理学中的范畴。

在哲学中，道指的是客观规律，如果我们不因古人众说纷纭的说法而无所适从的话；在法理学中，道指的也只能是客观规律及其派生的范畴。从这个意义上说，二者的概念并无差异。但是，作为范畴，道在哲学和法学中的地位、意义和作用是不完全相同的。

在传统的中国哲学中，如果我们用今之马克思主义观点对古人的各种说法加以合理取舍和重新解释的话，天，指自然界；人，指人类社会；器，指客观事物；性，指器之性质或特性；道，指器之规律；理，指道之原理和机制。这里，所谓"道"，是指"器之规律"，用马克思主义哲学的语言来说，就是指的客观事物或现象间内在的必然的本质的联系。这样，道就有天人之分、大小之别。天道者，自然规律；人道者，社会规律；大道者，大规律；小道者，小规律。大道支配小道，小道服从于大道。天道为基础，人道为主体；在天道和人道的基础之上则立着法和其他的上层建筑。器为道之载体，性为器之特性；道为器之规律，理为道之机理。器之所以有道，是因为器因性之不同而相异；器既有差异，就必有矛盾、对立、斗争；有矛盾，并能相互对立和斗争，说明它们实际上是共处一体的，这就是对立统一，用中国化的哲学语言讲，叫做"一分为二，合二为一"。这里，笔者兼取毛泽东和杨献珍二人的观点以表达马克思主义哲学中"对立统一规律"的本义，避免偏执任何一端。顺便说，虽然杨献珍因主张"合二为一"而受到批判，但"合二而一"的观点并不是他最先提出的，而是历史上早已有之，正如"一分为二"也早有之一样。然而，实际上，事物并不是"一分为二"的，而是"一分为三"的，因而也就不是"合二为一"，而是"合三为一"，总起来是"一分为三，合三为一"。这里的"三"，就是一切事物普遍存在的"三性"即阴性、阳性、中性。所谓"阴阳五行"，实际应为"三性五行"。但阴、阳两方面以中性为中介的矛盾、对立和斗争仍然是事物发展的基本动因。这就与马克思主义哲学所提示的对立统一规律不谋而合。各种性质和特点相异有别的器物既然是对立统一的，那就必然会在相互间发生或存在着内在的必然的本质的联系，即：一事物或现象与另一事物或现象相互作用的结果，必然会发生某种变异，或导致某种新事物、新现象的产生或出现。这就是规律的含义，它同时也就表明了"道生于器"的原理和机制。

　　然而，在法理学中，根据马克思的法哲学思想，"道"指的是隐藏在"法"之背后起主导、支配、决定和制约作用的内在规律或客观必然性：实然法趋近于应然法，应然法依据于人类的理性准则，理性准则产生于或受制于道，其在实然法中的实现则有赖于道所决定和制约的客观情势。

　　这样，我们看到，一系列不同的范畴联系起来，可以形成一定的理论原理；一系列的理论原理则又可以进而构成完整的学科体系。而"道"，作为哲学和法学中的一个共同的基本范畴，就成了法理学中一个新的基本范畴。笔者的道法关系论即"道法论"原理，就是建立在这一基本范畴的基础之上的。

顺便指出，虽然"道法论"最初是作为马克思主义法哲学的中国化表述而提出来的，但它一经诞生，其意义就不仅限于此。事实上，它已经创造了一个相对完整的新的理论体系或话语系统。在这个话语系统中，西方各国法学语汇和语言实践中广泛存在的对"法"和"法律"从概念上加以区分的作法就不仅无必要，而且荒谬了。与其同时，"自然法"的概念，虽然仍有存在的必要，但是由于它已经被超越——先是被"客观法"和"内在法"，继而被道法论之"道"所超越——因而已成为学术研究和批评的对象，不再具有其在历史上所曾发挥过的积极作用了。应然法与实然法（或实在法、实定法）的区分仍有其合理性，但法之"应然"与否，已不再取决于自然法学派所说的"自然理性"，而是取决于道法论所说"道"，即自然界和人类社会的客观规律，用马克思主义哲学的语言来讲，也就是各事物或现象间内在的必然的本质的联系或此种联系之内在的客观必然性。至于"客观法"和"内在法"这两个概念，虽然还可以存在，但也只能是在解说道法论之"道"的含义时起一定的补充作用罢了。也就是说，在道法论所构筑的新的话语系统中，一切本身有科学性的概念都可以找到自己的位置，但已不会对"道"之概念和"道法论"原理产生任何消极或颠覆性的作用了。

三、道法背离的原因和机理

如前所说，道与法的关系犹如价值与价格的关系。价格虽然是价值的表现，但也有与之背离的时候。同样，法虽是或应当是道的表现，但也可能与道之要求发生背离。这是因为：

第一，法是相对独立的存在，虽然归根到底决定于道，但并不是永远不可分离的同一物。这就为二者的向背合离提供了前提性的条件。

第二，法是社会的上层建筑，一经产生即对一定的经济基础和利益格局提供保护，因而也就会受到此法之下的既得利益者人为的维护。如果现实之法不合于道而维护者的力量大于变法者的力量的话，即会出现道法相离的情况。

第三，由于道及其决定的理性准则都有赖于人们从主观上加以认识才能形成为应然法规范进而变为实然法上的规范，甚至人对客观情势的正确认识也有利于促进或推动道之理性在法中的实现，因而人的认识能力及对客观事物的实际认识状况也是影响道法离合的重要因素。[6] 如果人的认识能力有限，或实际认识的正确性程度不够，或虽有正确认识但在解决所面临问题时的立法创制能力和智慧不够，都可能导致法与道所要求的理性准则相背离。

在道与法的关系中，道对法的决定作用是通过两个中介因素对法起作用的：其一是人所认识的理性准则，即标准或原则（rational principles）；其二是现实中的客观情势（situation in reality）。所谓道决定法，实际上道所直接决定的只是理性原则和现实情势，法所直接受到的也只是理性原则和现实情势的作用。其中，理性原则决定法的内容及演进方向，现实情势则决定这种理性原则在实在法中的实现，亦即，充当法律规范产生及演进的条件或动因。这样，当道即客观规律演进到一定阶段而产生了某种理性原则时，这种原则首先只是表现为应然法上的规范，不大可能刚一出现就转化为实然法上的规范。至于何时何地何种条件下能由应然法转化为实然法，则取决于现实情势及其发展。尽管这种情势及其发展也是由道即客观规律所决定的，但这三者（即“道”、道所决定的“理性原则”和“现实情

---

〔6〕　参见沈宗灵主编：《法理学》，高等教育出版社1994年版，第34页。

势")并不是同一个事物，因而在其各自产生和演进发展的时间上也就不会完全同步。这就存在一种可能，即道之演进足以产生某种理性规范但同样受它决定和制约的现实情势及其发展却尚不足以使这种理性规范由应然法转化为实然法。于是就出现了"合理的不合法，合法的不合理"这样的情况。

这样，在道法关系上，当我们谈论"有道之法"、"无道之法"、"合道之法"、"背道之法"以及"得道（支持）之法"和"失道（支持）之法"时，就有可能是在不尽相同的意义上使用同一个"道"字，即有时指作为不可违逆的客观规律这一道范畴本身，有时则指由这种规律所决定和派生出来的道概念。比如，当我们说某某法律规范是"有道之法"、"无道之法"或"背道之法"、"合道之法"时，这里的"道"就是派生的道概念，即道之理性原则。只不过它并不是西方自然法学派所说的万古不变的自然法规范，而是由一定的客观规律及其演进所决定的应然法律规范。顺便说，与中国历史上所谓"天不变，道亦不变"的说法相反，事实是"天"在变，"道"亦在演进。而当我们说某某法律规范得到或失去"道"的支持时，这种"道"就是另一种派生的道概念，即现实情势及其发展。正是它决定了应然之法是否能够及何时何地能够转化为实然之法。这里，为了避免概念混乱及有利于进一步揭示道与法的内在关系，可以将前者（即道之理性原则）称之为"道之理"或"道理"，而将后者（即道之现实情势）称之为"道之势"或"道势"。"道理"和"道势"都受"道"的决定和制约，并且都是客观的和不可违逆的，因而具有内在的同一性。从这个意义上说，在确切明了三者区别及不致引起误解的情况下，也可以交叉或混合使用同一个"道"字来分别表达三种不同的道概念。

然而，问题在于，虽然道之理性和道之情势都是由道派生并受道的决定和制约，但毕竟不是同一个事物。这样，当一项应然法规范合于道之理性准则但因道势条件尚不成熟而不能转变为实然法时，或者反过来说，当一项实然法规范已经不合道之理性原则但因尚有客观情势的支撑而不能被新的应然法规范所取代时，法之合道与否应该如何判定呢？换句话说，此时的判别依据究竟是作为客观规律的道本身，还是道之理性准则抑或道之客观情势呢？

我们知道，法不能直接与道相联通，而只能与人所认识的理性原则和（或）客观情势相联通。当此二者与道相合时，法若与二者相合也就算符合于道了。

那么，理性和情势是否合于道本身又该如何判断呢？这就涉及到道作为客观规律即事物内部或现象间内在的必然的本质的联系这一特征了。这一特征的意义在于：道或规律是不可违逆的，否则就会受到惩罚。因此，是不是规律（即"道"本身），就可以通过看一看它如有违逆的话违逆者是否迟早要受到惩罚来加以判定了。道或规律本身一旦找到，理性原则和客观情势是否真正符合于道也就很容易判断出来了。

但事情并没有到此为止，因为什么叫受到惩罚尚未确定。这个问题相对来说容易解决，因为虽说行动受挫、计划失败和达不到预期目的都可以算是受到惩罚，但利益减损可以说是受到惩罚的一般形式。这里所说的利益，不仅是指经济利益，而且包括安全利益、权利利益、权力利益及其他种种非物质利益在内，但最基本的还是经济利益。

接下来的一个问题是：对于社会来说（因为法之合道与否只有从社会的角度判定才有意义），什么样的情况算是利益减损，从而算是受到惩罚了呢？

这里有四种情况：第一种是全体社会成员的利益减损；第二种是全体社会成员的利益增加；第三种情况是多数人受损，少数人受益；第四种情况是多数人受益而少数人受损。第一种情况之法为无道而第二种情况之法为有道是非常明显的，可以将其分别称之为"绝对无道"和"绝对有道"。第三种情况和第四种情况比较复杂，需要作具体分析，不可笼统论之。为此，让我们按照马克思在《资本论》中所使用的从抽象逐步上升到具体的研究方法，分三个层级来加以分析：

首先，在第一个层级上，不考虑任何特殊的可能性，应当承认，一般说来，第三种情况之法是相对无道，第四种情况之法是相对合道。

其次，在第二个层级上，加进一个因素，即考虑一下利益受损害者在受损之后的境遇如何：是虽有降低但仍然享有特权利益，还是仅只享有平权利益，抑或低于平权利益？在未考虑更进一步的具体因素前，应当说，如果受损害者仍然享有特权利益或仍得以享受平权利益的话，其法或变法活动为有道；反之，使其低于平权者，似为无道。

最后，在第三个层级上，要考虑两个同一层次的问题：其一是，此法实行之前，施行此法的受损害者对受益者的态度如何？其二是，他们对此法施行（或此次变法活动）的态度如何？如果他们中的大多数或者作为整体在此法施行之前对此法的受益者并无残暴统治，且对此次变法活动并未极力阻挠或残酷镇压，则若此法竟使其不能享受平权，为无道；否则，为有道，因为其所遭受的待遇为罪有应得。

但是，考虑到平均主义的立法有可能使少数人的利益减损而使多数人的利益增加但却以全社会的总利益减损为代价这一情况，有必要对上述分析附加一项前提条件，即在全社会的总利益不减损或者甚至有所增加的前提下，能使多数人的利益增加之法为合道之法，而使多数人利益减损之法为无道之法。

以上这些，基本上是从理性原则的角度讲的。也就是说，法之合道与否，主要是看它所依据的理性原则是否符合以上所说的道之判别标准。符合此种道之判别标准的，其理性原则即为道之理性。于是，法之合道与否，即可依据此种理性原则来加以判定。否则，理性原则本身即不合道，当然也就不能用来作为判别法之合道与否的标准了。至于道与法以客观情势为中介的联结，关涉道法相合的原理和机制，我们接着讨论。

四、道法必合的原因和机理

根据马克思主义的法哲学原理，法既然是道的表述或体现，如果它偏离了道（理）的要求，就会有无形的力量（道及其势）将其拉回到道所要求的轨道上来。这就像前面提到的价值与价格的关系一样：尽管偏离甚至完全没有价值基础的价格也还是价格，且人们仍必须按此价格（而不是价值）付款，但是毕竟不能持久，迟早还是要返回到价值（或作为其转型的"生产价格"）所决定的水平上来。由于"道理"和"道势"都是由"道"所决定和派生出来的，具有内在的同一性，"道势"必循"道理"所指的方向演进，只是会有一定的时滞罢了。这样，无道之法虽然是法（即"恶法亦法"），但既然与道（理）相背，即使一时尚有"残势"（即已经或正在失去道本身支持的残余之势）支撑着，也必然迟早要失去道及其势的支持，因而终究会"法将不法"，为有道之法所取代。这种有道之法不断取代无道之法的历史过程也就是法律规范的演进过程。

这里，有两点需要指出：

第一，一方面，由于任何事物在道即客观规律的作用之下都是发展变化的，法之"应然"与否，其标准（即道之理性原则）也是不断变化和发展的，另一方面，由道所决定和制约的现实情势也会或快或慢地跟着变化。因此，某一时期的合道之法，即使理、势皆合（既合其理，又得其势），但随着时间的推移也会变得不合于道（理），并失去道（势）的支持，为新的有道之法所取代。

第二，由于道和道所决定的理性规范只有被人们主观上认识了之后才能成为评价和（或）指导立法实践的标准，甚至现实情势之被认识也有助于法律规范的演进和变革，因此，一定的理性原则在什么样的情况下被多少以及什么样的人们所认识，就成为决定法律规范演进方向及实现速度和程度的重要因素。

这里，为了阐明道法相合的原理和机制，有必要进一步搞清楚道与法的联结机制及各种可能的情况。

我们已经知道，法之合道与否取决于道、法及处于二者中间的联结因素（理性准则）三者的相合与否：若法符合于理性准则，理性准则又符合于道，则此法即合于道；反之，则可以认为其不合于道。

但合道之法可能是实然法，也可能是应然法。如果应然之法符合于道但却不能转变为实在法，则等于实在法仍然是不合道的。

这样，研究使应然法转变为实然法之决定因素——势——就至关重要了。

谈到势，首先要明确两种不同的势的概念：一种是合势，一种是分势。所谓合势，就是我们一再所说的应然法规范赖以转变为实然法规范的客观情势，而分势则是一定时点上支持应然法转变为实然法者与其反对者双方各自的力量、实力或势力之谓。分势与分势的对比关系或格局，就构成为合势即客观情势。当应然之法的支持者的力量（分势之一）占上风即处于优势地位时，其向实然法的转变即可成功，前述合道理性也就可以在实然法中实现；反之，当其反对者的力量（分势之二）占上风即处于优势地位时，即使应然法规范符合于道之理性，其向实然法的转变一时也不能如愿以偿。由此可见，虽然道之情势决定道之理性能否在实在法中实现，但它本身即前述"合势"，则是取决于两种分势相较量的结果。

进一步说，对于法律规范之演变进程具有如此重要意义的客观情势，自己并不能决定自己的命运。它的命运决定于道，具体说来，则是取决于两个因素：第一个因素是，组成合势格局的各分势中何者占据主导和支配地位；第二个因素是，这个占主导和支配地位的分势自己是否得到道即规律的支持。这是符合马克思主义哲学辩证唯物主义的。根据唯物辩证法，任何事物都是由矛盾或对立的因素所构成的统一体，而这个统一体的性质则是取决于其中占主导和支配地位的因素的性质。同样地，虽然客观情势是由矛盾对立的分势所构成的合势，但这种合势或情势的性质（即是否为得道支持之势）则是取决于合势格局中居主导和支配地位的那一分势是否得到道的支持。

　　这里，如同对理性原则是否合道（即它所依据的是否为规律）的判定是看违逆它是否会迟早受到惩罚一样，在对于客观情势是否为"道势"（即是否得到道的支持）加以判定时，也是以如有违逆是否会受惩罚为标准的。不过，此时的受惩罚或利益减损直接表现为各分势之增强抑或减弱，亦即，从较为长远的角度看问题，凡在道的作用下不断地克服暂时困难并由不利地位向优势地位转化之分势为"得道之势"；凡开始很强而逐渐趋弱之分势，则为"失道之势"。二者的较量和此消彼长，决定着"合势"情况（即总和的客观情势）的演变，这种情势又决定着法与道的背离与相合，进而决定法律规范的演化和进步。

　　具体说来，一种分势是否得到道的支持及在现实情势或合势格局中是否居于主导和支配地位，计有四种组合情况：其一，既得道又居主导支配地位；其二，既失道或未得道之支持，又处于受支配地位；其三，得道但处于受支配地位；其四，失道或未得道，但居主导和支配地位。

　　在这四种组合情况中，其一和其二都是由得道的分势居主导和支配地位，故其与其他分势之合势或客观情势亦为"道势"（即得道之势）；反之，其三和其四都是由失道或未得道之分势居于主导和支配地位的，故其合势或客观情势为失道之势或未得道之支持之势。

　　由于分势是指对某一法律规范持支持或反对态度的力量、

实力、势力，因而就某一分势而言的上述四种组合情况也就同时是指某一法律规范可能遇到的四种组合情况。这样，将其与前述所谓法与道之理性"相合"或"不合"的两种可能性加以组合，就会出现八种新的组合情况：

第一种，既得道又居主导支配地位，且合于道之理性。

第二种，既得道又居主导支配地位，但不合道之理性。

第三种，既失道或未得道之支持又处受支配地位，但合于道之理性。

第四种，既失道或未得道之支持又处受支配地位，且不合道之理性。

第五种，得道但处于受支配地位，合于道之理性。

第六种，得道但处于受支配地位，不合道之理性。

第七种，失道或未得道之支持但居主导支配地位，合于道之理性。

第八种，失道或未得道之支持但居主导支配地位，不合道之理性。

这八种组合情况在道法论上所代表的含义是：

第一种组合意味着，此法已经是实然法或即将变为实然法的应然法，并且未来在可预见的时间内，无须作大的修改。

第二种组合意味着，此法可能是实然法或将变为实然法的法律草案，目前及中近期内有其必要性和一定的生命力，但终将废止。

第三种组合意味着，此为理性规范，目前及中近期内尚无实现的可能，但从长远看，终将兴起并转化为实然法规范，有长久的生命力。

第四种组合意味着，此法为已废或立即将要废除之法。

第五种组合意味着，此法为应然法规范，目前暂无实现条件，但即将兴起，且将有比较长久的生命力。

第六种和第七种组合不合逻辑，为无意义组合，类似于数学上无意义的计算结果。

　　第八种组合意味着，此法为实然之法，目前尚有一点残势支撑着，但已显现衰减态势，并因不合理性准则而即将废止。

　　从以上的分析可以看出，由作为客观规律本身的道所派生并加以制约的道之理性原则和道之客观情势对法的决定作用是不完全相同的。比如，在以上八种组合情况中，前四种情况下的客观情势都是由得到道之支持的分势所主导和支配的，因而都属于"道势"即得道情势；而第五、八两种有意义的组合情况则因由失道（或未得道）之分势主导，其合势亦为失道或未得道之客观情势。然而，由于第一、三、五各种组合情况下的法律规范合于道之理性原则，故不管其所处的客观情势是否为道势，一律终将成为实然法规范并有长久的生命力。相反，在第二、四、八诸种有意义的组合情况下，由于法律规范与道之理性原则未合，故不管其所处的客观情势是否为道势，一律终将废止。

　　这就充分说明，虽然理性原则在实然法中的实现完全依赖于客观情势，但客观情势本身在道的作用下，终究还是要向有利于理性原则实现的方向发展，因而最终起决定作用的还是道之理性原则，只是这种理性原则不是人们大脑中主观随意性的产物，而是符合或顺应客观规律即"道"本身之要求的思维产物罢了。

　　讲到这里，人们不禁要问：道之理性为什么会有这么大的力量，以致一切实然法规范归根到底都要向以此为据的应然法规范靠拢呢？

　　对此，笔者的回答是：这是以人对利益的追求为动力机制的。由于理性规范符合于道的标准是它在社会总利益不受减损甚或增加的前提下能使多数社会成员的利益获得增加，故尔不管反对的力量（剥削者、压迫者或其他特权利益集团）一时多么强大（包括拥有武装到牙齿的军队、警察及其他暴力工具），也终究敌不过多数社会成员在明确意识到了自己利益所在的情况下为追求正当权益而进行的"不达目的，誓不罢休"的持久努力。因此，道之理性原则的实现过程，同时也就是多数社会成员为追求自己正当权益而不断斗争的过程。没有人的积极参与，道之理性原则在实然法中的体现或实现是不可思议的；而有了人的参与和斗争，法不依循道之理性也是不可能的。

道之所在，法之所依；道之所指，法之所趋——这就是道法必合最根本的原因和机理。

五、法的概念、特点与主导倾向性

前面我们讨论道法关系的时候，是一直以大家都有不言而喻的关于法的明确概念为前提的。但事实上，对它的概念并不明确。这一点之所以没有妨碍讨论的进行，是因为当时只要假定大家在心中都知道什么是法就行了，正如现实生活中人们未能用明确的定义将某物的概念表述出来之前并不妨碍其使用此物一样。但当需要对该物本身的特点及其他相关问题作进一步研究时，就有必要对其概念加以探究了。

然而，关于"什么是法律"的问题，正如本世纪英国语义分析法学家哈特所说，是一个使法学理论甚感"困惑"的"经久不绝的问题"[7]

在中国和前苏联，关于法的概念，通常的定义中往往突出两点：其一，法是经济上占统治地位的阶级的意志的反映；其二，法是上升为国家法律的阶级意志，即由国家政权制定颁布

---

〔7〕 参见［英］哈特：《法律的概念》，张文显等译，中国大百科全书出版社1996年版，第1页及第一章。

的具有强制效力的行为规范，等等。[8]

应该承认，这是经典的马克思主义的法律概念。但它有两个尚未引起注重的缺点：第一，它不适合于国际法；第二，如果强行适用于国际法的话，又不能对所谓的"国际法的阶级性"问题作出科学的解释。[9]这就为我们提出了一个任务，即给法下一个定义，以表达既适合于国内法又适合于国际法的统一法律概念。

要完成这个任务，就必须对哈特在《法律的概念》一书中指出的法律概念问题上"三个经常性的争论点"作出科学的回答或解释。这三个争论点是：法律与以威胁为后盾的命令有何区别与联系？法律义务与道德义务有何区别与联系？什么是规则以及达到何种程度才能成为法律？[10]

对此，笔者的回答是：

第一，法律是公开存在的社会的规范，而强盗集团等以威胁为后盾的命令、要求和规定则是反社会的组织（或黑社会组织）的规范。这是二者的最大不同。

第二，法律是社会要求其成员及其他主体必须遵循的行为规范，如有违反，就会受到社会以其现有条件所可能使用的任何必要手段或可能采取的任何必要措施的惩罚；而道德（或称"德律"）则是社会成员普遍认为应当遵行的行为准则，违者受良心谴责和舆论制裁。需要指出的是，虽然法律规范有所谓的"强制规范"和"任意规范"之分，但是归根到底，任意规范

---

〔8〕 ［苏］阿列克谢耶夫：《法的一般理论》（上册），黄良平、丁文琪译，法律出版社 1988 年版，第 102 页；以及中国迄今为止的几乎所有法学基础（本）理论、法学概论和法理学专著及教科书。

〔9〕 参见王铁崖主编：《国际法》，法律出版社 1981 年版，第 9 页；王铁崖主编：《国际法》，法律出版社 1995 年版，第 2 页。在这两个版本中，作者（执笔人）的观点是正相反的。

〔10〕 参见［英］哈特：《法律的概念》，张文显等译，中国大百科全书出版社 1996 年版，第 6~18 页。

之"任意"所指的也只是法律为行为人在特定的（前提）条件下和（或）划定的范围内提供一定的任择余地罢了，并不允许其对这个范围的界限及规定的（前提）条件有任何的突破。因此，依笔者之见，法律的"强制规范"和"任意规范"的区别主要在于是否为行为人规定自由天地，而不在于这些规范本身是否具有强制效力。从这个意义上说，法律关于"任意规范"的规定也是必须遵守和不能违反的，因而也同强制规范一样具有强制性的效力。换句话说，一切法律规范都可以认为是具有强制效力的规范。这是法律与道德或德律的根本区别。

第三，法律规则与礼仪规则、俱乐部规则、足球竞赛规则以及其他游戏规则的最大区别在于：它是一个独立、完整的社会确定其各方面制度及公共秩序的规则和原则，而不是任何未经社会授权的专门机构、职业集团或其他组织等所确定的内部规则，更不同于语法规则、思维逻辑规则等与社会制度和公共秩序无关的科学原理和原则。

据此，我们可以对国际法和国内法之统一法理学上的"法律"给出如下定义：

"所谓法律，是指一个公开存在的独立、完整的主流社会确定其管理制度和公共秩序的规则和原则，即该社会各行为主体必须遵行的关于其权利义务关系的制度规范。"换言之，"法律是人类社会一定发展阶段上为确定其公共秩序而制定或在其过程中所形成的具有强制效力的制度规范"。进而，还可以更简单地表述为："法是人类社会形成和（或）制定的具有强制力的制度规范。"

显然，这个定义可使法律在哈特所说的所有三个方面得以与其他任何的非法律规范相区别。

那么，这个定义会不会与前述经典的马克思主义法律概念相冲突呢？我认为是不会的。这是因为，它是比国内法和国际法这两个更具体的法律概念更高层次的抽象。按照马克思由抽象上升到具体的研究方法，在有了前述统一法律概念之后，可以再上升一个层次，分别得出关于国际法和国内法的更具体一些的概念。这两个层次上抽象程度不同的概念的相互关系是：一般概念提供总的框架，具体概念则在不违背一般概念的前提下提供更多、更具体的内容、信息和线索。迄今为止马克思主义者们关于法律概念的经典表述是专适合于国内法的具体概念，而国际法教书上关于国际法的定义所提供的则是另一种具体的法律概念。从根本上说，此二者与上述统一法律概念都没有内在的逻辑上的矛盾。

但笔者之前所给出的高度抽象和一般化的统一法律概念并不是没有意义的。它的意义在于：可以为我们指明国际法和国内法的共同特征。前面我们关于道法关系的讨论，是建立在当时尚未明确的统一法律概念的基础之上的；现在，我们关于法律特点及规律的探讨则有赖于这一概念的明确化。

根据统一法律概念，国内社会和国际社会都是公开存在的独立和完整的主流社会，分别确定这两个社会之管理制度和公共秩序的规则和原则就是国内法和国际法，而它们的内容则分别是关于国内社会行为主体（公民、法人及国家公权力机关）的权利义务关系和国际社会行为主体（国家、国际组织及其他业经国际法确认为具有国际法律人格者）的权利义务关系。

那么，这样的法律究竟有什么共同特点呢？联系前述道法论原理，我们可以发现其有三大特点：其一是历史制约性或经济基础制约性，亦即，"道"对"法"的决定作用；其二是形成或演进过程中各方面不同意志、愿望和要求相互冲突的折中性、妥协性及成形后对各方利益的兼容性和协调性；其三是其主导倾向性。

关于第一个特点，我们在前面讨论道法关系时已经讲到了，这里不再赘述。

关于第二个特点，需要指出的是，虽然人的理性常显现出理想化的倾向，但法却是现实中各种对立或冲突的意志、愿望和要求相互折中的产物。而且，无论怎样专制独裁的君主在立法时，如果不想立即被推翻的话，都不得不对其对立面（被剥削者、被压迫者）的意志、愿望和要求有所顾及并作出某种不同程度的反映（即不同程度的妥协和让步），因而对各方面的利益不得不加以协调和兼容。从根本上说，这种兼容和协调并不是立法者"开明"或"仁慈"的表现，而是其出于自利动机而处理有方和足够聪明的表现（过去很长一段时间，历史学家们所讨论的统治阶级的"让步政策"，实际上还是被统治阶级进行斗争的结果）。当然，恶法与良法的区别还是有的。但若用辩证法的观点看问题，则恶法并不是纯粹的恶，良法也不是纯粹的良。法之良恶的区分，关键是看其主导和支配方面的性质而定。也就是说，虽然法是各方意志、愿望相互折中和妥协的产物，其对各方利益要求的兼容和协调也不是不偏不倚的。这就涉及到法的第三个特点，即无论怎样也掩盖不住的主导倾向性。

这里，所谓主导倾向性，笔者指的是，法律规定对各方不同意志、愿望、利益和要求的让步、妥协、兼容和协调并不改变它对其中之一的偏向或倾向性。而其所偏向或倾向的一方，必是经济上占主导和支配地位的那一方。这就是马克思主义关于国内法之阶级性的理论之依据所在。因此，根据辩证法的原理，不管一个法的统一体中包含有怎样的对立面的妥协和兼容，只要有主导倾向性，这个法在整体上就是居主导和支配地位的那个阶级或集团的利益和意志的体现。

具体到国际法上，法虽然没有国内法上的那种阶级性，但也表现出某种类似于"阶级性"的主导倾向性，即由国际社会的成员（国家）所组成的某种类别的国家集团所主导和支配的特征。比如，国际货币基金组织成员中的"十国集团"就可以看做是一种"国际主导阶级"（International Dominating Class）。如此，则发展中国家所组成的集团（如1972年成立的"二十四国集团"及此前的"77 国集团")即可看做是另一个"阶级"（Class）。基金组织法律规范的每一步演进，都是不同集团间让步、妥协、兼容、协调的结果。然而，只要道本身的演进还没有根本改变各分势之合的对比格局，现实的情势就使任何理想化的改革或变法要求难以实现。而且，即使发达国家进一步妥协，同意调整份额，并将各会员的基本投票权由 250 票提高到500 甚至 1000 票，距离主权平等这一理性原则所要求的目标还很遥远。联合国法中这一问题相对不那么严重，但与真正的主权平等及其他理性原则也还有相当的距离。

但是，从国际法之主导倾向性中不应得出结论说，现行的国际法全是反动的，必须一概打倒。相反，由于法的产生及其演进是由道所决定和支配的，因此，根据道法论原理，道的演进使修改哪些法律规范的条件即客观情势成熟，就修改哪些法律规范；成熟到什么程度，就修改到什么程度。国内法是这样，国际法也是这样。国际法与国内法不同的地方在于：由于国际社会尚不能在许多方面强迫主权国家接受其所不愿接受的规范，法律通过立场兼容和利益协调诱使尽可能多的主权国家接受其规范的重要性就更突出一些。但与国内法的情况一样，在利益机制不足以解决问题的时候和地方，有理、有利、有节的政治斗争是影响道之情势格局变化、从而影响法之演进的一个很重要的砝码。

然而，更重要的是，由道法论所阐释的马克思主义法哲学原理，对于无论国际法还是国内法的法制变革，都发挥着既是推进器又是制动器的双重功用。这是西方自然法学说所不能及的，因而显示出该理论的独特之处。

第3篇 道法论的价值

　　"道法论"即笔者关于"法"与其决定因素"道"之关系理论的提出，无疑来源于某种"法上法"的观念。但我们通常所说的"法上法"，大多是指宪法即一般法律的母法、总法和根本大法——这当然是从宪法概念的外延（即宪法与其他一般法律的相互关系）上来说的。问题在于，无论它具有怎样"至高无上"的地位或效力等级，都不能改变"宪法也是法"这一事实。既然如此，人们就必然会在法理和法律逻辑上进一步探求更高层次的"法上法"到底为何物这样的问题。

　　比如，在我们确定了"依法治国"（其实质是"依宪治国"）之策之后，就会发现："依法治国"的逻辑前提是"有法可依"。这样，"法从何来？"的问题就很自然地提出来了。对于这样一个问题，每个学者都会有各自不同的见解和回答，并由此形成或分属于不同的学派。其中，在历史上源远流长而影响也最为深广的，当属自然法学派。笔者的道法论，假如哪一天也能形成蔚为壮观的学派的话，则可称之为"道法学派"——这是妄言，读者大可不必认真。因为，到目前为止，还只是笔者以一己之力在这里作些研究和传播而已，学界基本上应者了了。未来的发展情况究竟如何，我们只能边走边说，难下定论。现在的问题，则是该理论本身怎样完善，以及怎样将其应用于国际法和国内法各领域的研究中去，以收获尽可能多的应有成果奉献于社会。

　　为此，让我们先对道法论与自然法学说及其他相关学说有何区别的问题，稍加探究。在此基础上，才能谈得到道法论本身有何价值的问题。

一、道法论与自然法学说的异同

自然法学说是西方源远流长的法学理论，道法论则是笔者学习马克思主义法哲学和中国古代哲学时得到启发而提出来的一种法学理论。二者的共同之处是，都承认"法上有法"、"法后有法"，承认在人定法的背后有某种不可违逆的客观因素起终极的决定和制约作用。不同的是，二者所说这种决定因素大相径庭。在自然法学派那里，决定性的因素是自然理性，这种自然理性是千古不变、万国同一的；道法论则认为，决定因素是自然界和人类社会的客观规律，这样的规律本身虽然不能创造和消灭（斯大林语），但会随着生产力、生产方式以及相应的社会形态的发展而发生新旧更替，从而发生演化和进步。

为使读者对此有进一步的了解和理解，让我们稍微详细地谈一下这个问题，并不惜重复某些已讲到的内容。

首先，什么是"道"呢？在中国哲学中，最初的"道"指的是"路"。有路不走，艰难险阻，荆棘遍地，乱石嶙峋，必然会划破衣服刺破脚，也就是受到自然的惩罚。其后，"道"即由"路"这种具体的事物逐步演变为不可违逆的客观规律这种高度抽象的哲学概念。当然，在中国古代思想家那里，由于流派及个人认识角度的不同其所表述的"道"范畴或概念差异很大。但经过我们用马克思主义哲学来重新诠释以后，就可以牢牢抓住"自然界和人类社会的客观总规律"或"客观必然性"这一点不丢、不放、永不改变，以保持其内在的稳定性和统一性。在此基础上，即可建立起相应的法哲学理论大厦。

以是观之，则所谓"道"者，是指客观世界中自然规律和社会规律的总和，或二者的有机统一（对立统一）。其中的社会规律，是指一定社会中由生产力发展水平所决定的生产关系以及建立在由这些生产关系所构成的经济基础之上的上层建筑各领域中的一切客观规律。在上层建筑领域中，除了政治、法律方面的规律外，还包括哲学、宗教、道德、伦理等文化和价值观方面（如自由、平等、博爱、人道、公平、正义、效率等等）的相互关系以及这些关系中存在的客观规律。所谓客观规律，是指各种自然和社会现象之间客观上存在的内在的、必然的、本质的联系（即此种联系的客观必然性），这些联系的存在使得一种现象在一定的条件下必然导致另一种现象的出现，一定的作为或不作为必然导致相应的结果。这种内在的、必然的因果关系的存在，使得任何对于客观规律的违反都必不可免地或迟或早会受到相应的惩罚，任何遵行都会得到相应的报偿。而所谓"总和"或"有机统一"、"对立统一"，是指社会规律对于自然规律的依赖关系和相对独立关系，以及这种依赖性和独立性的对立统一关系。就其依赖关系而言，上层建筑领域的规律依赖于经济基础领域的规律，经济基础领域的规律依赖于生产力本身及其发展的规律，后者又依赖于由自然科学所认识和揭示的自然规律，并成为联结自然规律与社会规律之间的中介。就其独立性而言，社会规律是本质上不同于自然规律的特殊规律。这种特殊性突出表现在它是以人为中心的规律，是涉及人与人关系的规律，是以人类理性为基础并由人的理性来发现、认识、掌握和运用的规律，一句话，是广义的人道（即关于"人之道"）的规律。从这个意义上说，所谓"道"者，又可称为"天道"与"人道"的总和或统一，其中，"天道"是指自然规律，而"人道"是指社会规律。二者合起来统称为"道"。

明确了道的概念之后，让我们来看道与法的关系。

首先，道既然是规律，遵循了它会有报偿，违反了它要受惩罚，那它就是决定法之所依、法所必依的力量。

其次，它既然是规律，是不能违反的东西，那就必然是法之所依的标准，是应然之法，或者更确切些说，是应然法的根据。

再次，它既然是自然界及人类社会规律的总和，由于人类社会必然会随着生产力的提高即人们征服自然、改造自然能力的增强而进步和发展，不同的社会必然会有不同的规律发生作用，从而出现新旧规律相更替的现象。这种更替虽然严格说来并不是某一规律本身的进步和发展，但却可以说成是或表现为"道"的进步和发展，也就是，有什么样的生产力发展水平，有什么样的生产方式和社会形态，就会有什么样的规律或"道"存在并发生作用，而"道"的进步和发展必然导致应然法的进步和发展，后者，由于前述第一条所决定，又必然导致实然法的进步和发展。

最后，正因为"道"是规律，就不仅决定实然法与应然法及应然法与道——其实质是实然法与道——的趋近或合致，而且还决定这二者什么时候及什么情况下趋近或实现合致。

显然，道与法的关系非常类似于（但不等同于）经济学中价值与价格的关系。比如，在商品交换中，虽然人们是按价格而不是按价值付款，因而很可能出现价格与价值相背离的情况，但价值规律却以不可抗拒的铁的必然性顽强地将偏离的价格拉回到与价值相符（在现实中是拉回到与生产价格即经过转形的商品价值相符）的轨道上来。同样道理，人们在社会中有时虽然不得不执行与道或应然法相背离的实然法，但是归根结底，道也会以不可抗拒的铁的必然性顽强地将不合道之法即所谓"恶法"改变为合道之法。这样，"道法论"也就顺便解决了法哲学中关于"恶法非法"与"恶法亦法"这个长期争论不休而又难下定论的问题，其结论是：虽然恶法亦法，终必"法将不法"。

讲到这里，有人可能会对上述道法关系说或所谓的"道法论"加以斥责，认为它是西方自然法学说的翻版。对此，笔者的回答是：

第一，自然法学说是西方历史悠久、影响深远的法学思潮，但还有比自然法更科学的概念，如客观法和内在法等，前者与主观法相对应，后者与外在法相对应。

第二，无论是自然法还是客观法、内在法、应然法等，其本身都不能说明"道法论"所能够说明的四大问题，即：一是自然法、客观法、内在法和应然法本身的根据或依据；二是自然法、客观法、内在法和应然法本身的发展动力及原因；三是之所以实然法向自然法、主观法向客观法、外在法向内在法趋近或合致的理由和动力；四是这种趋近与合致之所以在此时此地或彼时彼地发生即得以实现的原因和根据。

第三，"道法论"既体现了中国古典哲学中的"道"的基本精神，又体现了马克思主义唯物史观和法哲学思想，是二者的完美结合。这是自然法学说等西方法哲学理论中完全没有的。

二、道法论与客观法、内在法概念的异同

这里所说的"客观法"，可以将社会连带主义法学家狄骥的"客观法"包括在内。但狄骥的"客观法"概念不及前苏联学者的"客观法"和（或）"内在法"概念严谨和科学，后者基本上是从马克思的法哲学思想出发的。

但是，前苏联等马克思主义法学家们的"客观法"和"内在法"概念，也有种种不可克服的缺陷，已如前述。而最主要或最为突出的是：第一，它们都不是什么真正的"法"，而只是隐藏在法之背后起决定作用的内在因素；第二，它们都不能自己说明自己之产生、发展或演进规律，因而也就不能解释和说明由其所决定的法律规范之产生、发展或演进规律。

道法论则不同。由于它所讲的"道"是指自然界和人类社会的客观总规律，是规律就不能违反，是规律就会随着生产力和生产方式的改变而发生新旧替代现象，就有一个不断发展和演进的自然历史进程，从而就可以说明或解决"客观法"和

"内在法"所不能说明或解决的各种问题。

三、道法论与法学方法论的更新

道法论的提出，为法学研究增添了一种新的方法，从而为法学方法论的更新或创新提供了一种小小的契机和动力。

道法论的方法，具有类似于社会法学派之重视社会生活实际的一般特点（包括狄骥重视"客观法"与实在法的关系、埃利希强调研究"活法"即"支配生活本身的法律"、庞德注重"与法律有关的社会事实"等研究方法），但又有自己的独特之处，那就是以一种法律制度和（或）法律规范是否会使社会和公众在现实生活中受"道"（即客观规律）的惩罚为标准来判定某一法律制度和（或）法律规范的优劣及某种法律学说或法学理论的是非而决定其取舍（如笔者对"无罪推定"的批评及对"中性推定"的主张即是），并以不受"道"即客观规律的惩罚为最低要求，而以受"道"即客观规律的奖赏为最高要求来指导立法实践，包括法的制定、修改和不断完善。

比如，在用道法论来研究法律史时，是看某种法律制度或法律规范在当时究竟是使社会和公众受到了惩罚还是受到了奖赏，以此为标准来加以评判。同样，在判定现实社会中某法律制度或法律规范是否合"道"，是否需要加以修改及向何方向修改时，也是以其实践效果是使社会和公众受道（即客观规律）之奖赏抑或惩罚来加以衡量的。对于现实中尚不存在的法律制度和法律规范，我们若将其作为"应然法规范"提出来的话，也必是以从各方面分析、论证其预计效果将是使社会和公众受到道（即客观规律）的奖赏而不是惩罚（或者至少利大于弊）为理由的；而当其由"应然法规范"转变为"实然法规范"之后，则以同一的社会实践效果作为标准加以检验，并随时进行跟踪研究，必要时提出修正建议并促其实定化，使之逐步趋于完善。至于评价别的法学流派和理论主张，则除了根据道法论原理以其已有或一旦实施的话可能会有的实践效果（奖还是惩？）为标准之外，还须辅之以法理和法律逻辑分析方法，以便多侧面地检验和判定，避免非科学的"以我划线"之失。

显然，道法论的原理和方法，一般来说，并不排斥其他的法学研究方法，而只是往其"工具箱"里添加了一件分析工具而已。但有了这一"添加"之后，研究者就会多一种选择；时间长了，就有人会舍旧取新，尤其是当现实中遇到某些棘手的新问题时。这样，就自然会导致法学方法论的更新或创新，用不着人为地刻意求新。

四、道法论与比较法的比较

首先，比较法必须首先要有可资比较的对象（即各国、各地区既有的法律制度或法律规范，广义地说，还包括历史上曾有过但现实中业已消失了的法律制度和法律规范，如罗马法等）存在，否则，就无从比较。而这些作为比较法之研究对象供我们加以比较者，其产生和演进、修改都只有用道法论的原理和方法才能研究出来。

其次，在对各国各地区的法律制度和（或）法律规范进行纵向（历史上）和（或）横向（现时代）比较的过程中，以什么东西作为比较的工具即何为优劣的判别标准，也是比较法本身所不能提供的。而道法论却可以提供此种标准或根据。这里所说的判别标准问题，也包括在纵横比较的过程中，对某一法律制度和（或）法律规范是否应引进到论者所属法律体系中来这样的问题。比如，在当今社会主义市场经济条件下建设中国特色的"个人信用体系"时，古罗马法的"留污名"（又称"丧廉耻"、"留秽名"）及"人格减等"（特别是其中的"人格小减等"）制度，究竟有无或有何种借鉴价值？比较法本身不能给出确切答案，因而要靠道法论来提供帮助。从道法论的角度讲，这一制度有无及有何种借鉴价值，包括引入后做怎样的改进才能适应现实需要，则要看此种引进及其改进是否合乎于"道"（即客观规律）的要求。合道者，必受奖赏；违逆者，必受惩罚。而且，其受奖惩的程度也与其合道或离道的程度成正比：越合于道，社会和公众所受到的奖赏越高（即社会效果越好）；反之，与道之要求相背离越远，社会和公众的利益所受损害就越严重。进一步说，当引入某一法律制度和（或）法律规范可能会兼具正、负面效应时，则可通过对其利弊得失的综合分析和反复权衡来加以确定，包括考虑可采取哪些针对性措施来消除负面影响或将其降到最低限度。用这样的观点看问题，我们就很容易得出结论或达成共识，即罗马法中的"留污名"这项公法制度（也可以视为公法化的私法制度，或者相反地视为私法化的公法制度），虽然是在当时社会的特定条件下产生的，后因历史条件变迁而自然而然地消失了，但我们今天仍可以将其借鉴过来加以革命性改造，同时建立相应的"去污名"制度，使之配套完善，发挥新的功效和作用。

再次，当我们将比较法的研究成果在现实中加以运用时，对其成效如何、成功与否的判定，基本上不能指望比较法本身来提供帮助。这也需要我们运用道法论的原理和方法进行追踪研究，进而提供必要的指导或帮助。

最后，还有一种情况是，比较法学所能够给予我们的东西，道法论也同样能给我们以启示。这方面最典型的例子，当属民事诉讼中"发现程序制"（the system of discovery procedure or the discovery rules，又称"证据开示制度"，即在正式庭审前双方各将其所掌握的证据向对方"摊牌"之法律程序）的采用。这一制度始于美国，主要是为避免或减少由于庭审时一方突然抛出一些意想不到的证人或证据而给对方造成被动和不利局面的缺陷而采取的补救措施。通过比较法学研究的渠道将其介绍到我国，无疑对我国民诉法的改革和完善具有重要的借鉴意义。但我们从它在美国诞生的历史可以很清楚地看到，其产生是完全符合于道法论的。换句话说，在同样的背景下，即使我们不借助于比较法学，仅仅根据道法论的原理与方法，也是一定能创造出相同或类似的制度规范的，只是时间早晚罢了。

总体来说，虽然说比较法对于我们从国外引进先进的法律制度和法律规范有一定的帮助，但它不能帮我们解决那些植根于我国现实生活中特殊的矛盾和问题，因为这些矛盾和问题在其他国家和地区可能并不存在，从而人家那里也就不大可能会有现成的可资借鉴的解决方案或办法。比如，社会主义公有制与市场经济的兼容问题，以及共产党领导地位、无产阶级专政制度与现代西方民主宪政原则和法治精神的兼容问题，等等。这些问题的解决，只有道法论能提供帮助。笔者的《公有制市场经济与民法革命》及《政治垄断竞争与宪法革命》两部拙著，就是借助于道法论的原理和方法写出来的。这也从一个侧面反映出，道法论的潜在应用价值是很大的，关键在于法学工作者如何正确地了解它、认识它、学习它、应用它。

上面所说的两例都是宏大的制度。下面再讲两个相当微观的例子。

第一，在民法的相邻权制度中，用道法论作指导，可以提出两个似新非新的概念，即"事后相邻"和"间接相邻"。前者，笔者指的是"受害人"在别人先已落成的建筑物旁边根据统一规划或者办理了某种批准手续（正当的或不正当的，合法的或不合法的，总之取得了某种形式的"合法性"）后新建房屋，从而造成自己的通风采光权或其他权益受到影响（如新户的厨房或卧室建于旧户的露天厕所旁而感到难受）。后者，笔者指的是甲与丁因中间隔着乙和丙不直接相邻，但若甲无视丁的利益（或者故意与丁作对）而在上游毫无必要地不适当排水，越过乙和丙的地界后进入丁的地界，给丁造成不应有的损失，即属侵犯了丁的间接相邻权，理当依法予以赔偿。

第二，在继承法中，目前的中国有些地方已经出现这样的情况：一个人可能在生前很早就开始采取各种手段和方法分期分批将其财产（可能是其本人的财产，也可能是其借来的资金）转移到子女和（或）亲友（包括"情人"）的名下，自己死后则留下一屁股债或资不抵债的财产空壳，从而损害公法及私法上债权人的权益（即"欠税"和"欠债"）。这个问题，从比较法研究中是可以有所帮助的，但仅凭比较法又远不足以解决问题。因为即使一些大陆法系国家的继承法中规定了"单纯承认"及相应的"无限清偿责任"，一方面由于继承人有权在"单纯承认"和"限定承认"二者中加以选择；另一方面在继承人为复数的情况下他们还可以相互串通，由财产很少的继承人出面选择"单纯承认"而"负无限清偿责任"，同时则由财产较多的继承人选择"限定继承"而负"有限清偿责任"（后者可以对前者在经济上或明或暗地给予长期或一次性的补偿或资助）。更何况，所有继承人都可以做出后一种选择，或者声明放弃继承权，以摆脱为被继承人清偿债务的责任。在这种情况下，也只有道法论能够提供解决之道，其办法包括由法院经公、私债权人提请并查明真相后宣布被继承人为"留污名者"，于一定期限内允许其继承人或其他亲友或任何同情者代为清偿其未了债务以"去污名"。当然，这不应也不会损及那些确实无力清偿债务的被继承人。一切善良和无辜的人们，生前生后都应受到世人的尊敬。法制的创新，无非是要防止那些居心不良者钻法律的空子，目的是保护社会和公众的利益不受或少受损害。

顺便说一下，上面所讲的继承法上的"留污名"和"去污名"之应然法规范，仅为笔者所设想的"留污名"和"去污名"制度的一个小小应用，其主要应用乃在于一个人的生前，目的是当一个人不管因何种原因犯了错误而留下污名时，能够通过自己本人的努力改写这种不良记录，从而鼓励全社会每一个人弃恶向善，维护社会的公序良俗。

另外，刑法学上也有一个例子说明，比较法不一定得出的结论，道法论可以很容易得出，这就是"漏罪不咎"原则。

从比较法来看，是否应追究遗漏罪行，难下定论。但从道法论的角度看，刑事判决一旦作出，被告此前所犯罪行凡未纳入此判决中"数罪并罚"的，都应一笔勾销而不再追究；严格些说，检方作为公诉人的起诉书一旦提交，就不能再追加新的罪名；简而言之，被告和辩护人作为弱势一方，可以在整个审判以至申诉过程中依法提出新的证据，以求自保，但检方作为掌控国家公权力的强势机关，则无此权。这就是三个不同层次的"漏罪不咎"原则。

或曰：道法论何以得出这样的原则呢？

第一，允许追究遗漏罪行，不利于督促办案人员"毕其功于一役"，而容易造成警察和司法人员渎职和懈怠，他们会想："反正后面有机会补救嘛！"

第二，漏罪追究容易损害国家司法机关的威信，尤其是不利于维护判决的尊严。本来，判决一经作出并且生效，服刑的罪犯和社会公众就会对此产生一个相应的期待。如果在罪犯刑期将满、等待出狱时突然宣布对其进行漏罪追究，则不仅罪犯本人、亲属，而且社会公众都会产生被国家司法机关"耍"了的感觉。

第三，追究漏罪，不利于司法资源的正确配置及合理使用，容易使司法机关纠结于已经了结的旧案，甚至无休止地长期纠缠于已经入狱服刑的人犯。这对于集中有限警力和司法资源重点打出新的犯罪，显然不利。

第四，漏罪不究而如期释放服刑犯人，有利于其回归社会后怀"感恩"之心"夹着尾巴"重新做人。相反，追究漏罪而三番五次地起诉、审判，甚至为阻其出狱而不择手段地加以折腾，则此犯人死于狱中倒还罢了，"万一"终有得见天日，必会不择手段地报复社会。这与国家惩治和改造犯人的初衷不合，既不利于犯人本身的改造，也不利于社会公众。

总之，在道法论看来，漏罪追究制度对社会及其成员的利益不会增加多少，而只会有所减损，是不合于道的恶法。因此，我们说，"漏罪不究"是一项道法论的原则。而由于道是自然界和人类社会不可违逆的客观总规律，即使它现在还只是一种应然之法，也必将转化为（实定化为）现实的法律原则，正如"上诉不加刑"原则和"时效制度"一样。

五、道法论的话语系统

最初，"道法论"是作为马克思主义法哲学的中国化表述而提出来的，但它一经诞生，其意义就不仅限于此。事实上，它已经创造了一个相对完整的新的理论体系或话语系统。在这个话语系统中，西方各国法学语汇和语言实践中广泛存在的对"法"和"法律"从概念上加以区分的作法就不仅无必要，而且荒谬了。当然，对于大多数中国法学家来说，甚至在"道法论"诞生之前，可能已感受到在"法"和"法律"之间作出概念区分的荒谬性了。只是那时，我们还为西方法学和社会语言中所存在的此种区分的合理性所困扰，因而无法加以摆脱罢了。现在，有了道法论之后，"道"与"法"的关系（包括二者之间的区分和联系）取代了"法"与"法律"之间的区分与联系，这样的困惑也就不复存在了。总之，道法论不承认"法"与"法律"的任何区分。

与其同时，"自然法"的概念，虽然仍有存在的必要，但是由于它已经被超越——先是被"客观法"和"内在法"，继而被道法论之"道"所超越——因而已成为学术研究和批评的对象，不再具有其在历史上所曾发挥过的积极作用了。应然法与实然法（或实在法、实定法）的区分仍有其合理性，但法之

"应然"与否，已不再取决于自然法学派所说的"自然理性"，而是取决于道法论所说的"道"，即自然界和人类社会的客观规律，用马克思主义哲学的语言来讲，也就是各事物或现象间内在的、必然的、本质的联系或此种联系之内在的客观必然性。

至于"客观法"和"内在法"这两个概念，虽然还可以存在，但也只能是在解说道法论之"道"的含义时起一定的补充作用罢了。也就是说，在道法论所构筑的新的话语系统中，一切本身有科学性的概念都可以找到自己的位置，但已不会对"道"之概念和"道法论"原理产生任何消极或颠覆性的作用了。

此外，在这个话语系统中，还应包括与道法论没有直接关系的一些重要和基本的概念或范畴。它们是：

法律——系指一个主流社会中实际形成和（或）用主权制定的关于该社会（国内社会或国际社会）各行为主体权利义务关系之有强制效力的制度规范，存在于包括成文法（书面条约亦属此类）、判例和社会习规等各种各样的形式渊源之中。此处的"主流社会"，指与"黑社会"、"强盗集团"等相区别或相对应的社会，即法律社会；而通常所说的"法律关系"，就是这样一个法律社会中各行为主体相互间的"权利义务关系"；此处的"规范"，则是"规则和原则"的总称，而"制度规范"就是"系统的或成体系的原则和规则"之整体或总和。与此相对照，目前国内各种法学书刊文章中最常见的表述是，法是关于什么什么的"原则、规则和制度的总和"，给人一种印象，好像法律上的"制度"不是由"系统的或成体系的规则和原则"所构成，而是与规则、原则并列作为同等成分，一起构成法律似的！

权利——系指主体对于客体之法律上的"充分必要资格"。此处的"资格"，不是一般意义上的资格，不是作为享有权利之前提条件的那种资格，更不是教授等的任职资格（有此"任职资格"，还须聘任后才有以此名义从教的权利，正如考取"进士"资格后还须皇上任命才能出任官职而行使权力并享有相应的权利一样）。而笔者所说的"充分必要资格"，则是一种法律上的"充分必要条件"。

义务——指主体对主体或主体相互间为或不为某种行为之法律上的强制必要性。

主体——指人，包括自然人和法人，后者可广义地理解为包括国家、国际组织、地方政府在内的一切具有（国际、国内）公法和（或）私法上权利能力和（或）行为能力的组织机构，甚至也包括非法人实体。

客体——其一般形式是利益或"利益一般"（interests in general），包括物质的和非物质的，有形的和无形的各种利益。因此之故，在这个话语系统中，权力本身不是权利，而只是权利的对象、标的或客体（Power itself is not right. Rather, it is the object or "subject matter" of right）。进一步说，这里所说的"权力"，不仅仅指国家和（或）社会（国际社会、国内社会）的公共权力（如立法权、批准权、否决权、信任表决权、认可或不认可权及弹劾权、罢免权、命令权、管理权、司法权等是；至于中文的"选举权"三个字，则应分解为参加选举的权利和选举某某的权力），还包括私法上的权力（如公司董事会的权力、总经理的权力和股东会的权力等）。总之，一切权力都必须有法律权利的支持（即作为权利的客体，在权利的"庇护"下行使）才是合法的，否则就是不合法的（Only when one has got a legal right to the power can he legally exercise it. Otherwise, his power is certainly illegal, and cannot exercise it at all）。以是观之，主权（sovereignty）作为对内对外的最高权力（sovereign power or supreme power）当然也是法律权利（即"对主权权利"，right to sovereignty）的对象或客体，虽然它本身如果合法的话也能派生出次一级的主权权利（即"主权生权利"，right out of sovereignty）。

上面列举的概念和范畴，虽然并不都是从道法论的原理和方法中派生出来的，但却可以与道法论所派生的概念和范畴很好地兼容，一起构成统一的话语系统。

六、道法论的实用价值

这些年来，笔者曾在不少场合（包括课堂教学、学术讲座及公开出版的书和发表的文章中）向读者和听众多侧面地阐释过道法论原理及运用方法。但仍有人在下面问笔者：学了道法论之后，究竟能有什么用呢？笔者说，用途很广，难以尽述。至少，一个学了道法论的人，可以很容易理解和解释任何国家、任何历史时代中包括一些看似稀奇古怪的法律规定。因为，所有那些制度和（或）规范，都是人们在特定情况下为了避免道（即客观规律）的惩罚，或者为了获其奖赏，而制定出来的（如果他们足够"聪明"并有能力作出正确反应的话）。

这样，当我们发现现实中缺少某种应有的法律规定时，也就能大体正确地推论出一、二、三条"应然"规定来，并且，还能够根据道法论的原理分析论证出此种应然法规范转化为实然法的条件、时机、地区、国别和大致时间，为其实定化找到切实可行的办法。

这里，有一个重要的因素需要注意，就是法学家和立法机关（主权者）对"道"（即客观规律）的正确认识。确切地说，前者的任务主要是科学地揭示和阐述"道"，而后者的任务则是准确地理解和接受"道"，并于适当时机将其转化为（"表述"为）"法"。显然，其真正的关键是人对"道"的认识能力，这种能力不仅取决于他（她）的智慧、智商或健全理性，而且，在某种意义上可以说，更重要的是取决于他（她）的阶级立场，以及当其个人利益和（或）群体利益与"道"之要求相冲突时作何选择。在此问题上，道法论的作用在于，可使当事者认识到这样一个真理，那就是背"道"而行是要受客观规律的惩罚的，只是这种惩罚到来的时间或迟或早罢了。既然如此，还不如顺应"道"的要求，该怎样立法就怎样立法，该如何变法就如何变法，或至少乐观其成而不去阻碍它。至于其利益与"道"相合者，当然更是会（也更应当）积极地促其实现了。因此，可以说，道法论的实践价值，取决于学习和运用它的人，而不是取决于这理论本身。

　　这里，笔者想以曾对学生一再强调的一点，作为对本文的一个总结："道之所在，法之所依；道之所指，法之所趋。"这是笔者作为道法论者的一个信念。

第二部分　民法革命论

第4篇　民法革命及其意义

一、公有制与市场经济的兼容机制

众所周知，早在 20 世纪 30 年代，就已有人在谈论公有制与市场经济兼容的可能性。但是，能否兼容得好，是否有效率，则是另一回事。要解决这个问题，就必须研究此二者的兼容机制。

这里，所谓公有制与市场经济的兼容机制，笔者指的是通过民商私法领域的创新，在二者之间创造一种联系机制，从而使得原本运行在西方资本主义私有制基础上的现代市场经济体制，也能够和谐而有效率地运行于社会主义公有制为主体或占主导地位的条件之下。此种民商私法领域的创新，就是民法革命。

民法革命的法理依据，是道法论。它是笔者提出的对于马克思法哲学思想的一种中国化表述。这种理论认为，法是道的法律表现，道是法的内在根据。这里的"道"，就是自然界和人类社会的客观规律。由于道（即规律）是不能违反的，违反了就要受到惩罚，遵循了、符合了就会得到报偿和奖赏，所以，道之所在，法必依之；道之所指，法必趋之。而民法革命，也就因此不得不为之。[1]

二、民法革命的必要性问题

民法革命的必要性在于：实行市场经济以后，大量国有企业不是像当年改革之初人们所期望的那样被慢慢搞活，而是相反地被活活搞死。

造成这种局面的原因，在于人、人性和人在现实社会中的道德分布律。具体说来，就是：第一，人是社会性的动物，具有社会性和动物性之两重性；第二，人的社会性和动物性都有正面和负面作用，而不是像许多人误以为的那样其社会性只有正面作用而动物性则只有负面作用；第三，人在现实社会中的道德状况服从于数理统计和概率论中的"正态分布律"，即大公无私、专门利人者和损公肥私、损人利己者在统计图表上总是处于正态分布曲线的两个极端，都是极少数，处于中间状态的人则是大多数。

由于人作为社会性动物所具有的趋利避害之本能，也由于公有资产是大家的，设无有效的监督防范机制和利益奖惩机制，不吃白不吃、吃了也白吃，不拿白不拿、拿了也白拿，就必然会有人要千方百计地蚕食它、侵害它，而却不能及时得到有效的保护和补偿。这里说的"大家"，大而言之是国家，小而言之是集体。在公有资产经营效率问题上，国家和集体面临的问题大同小异，亏损、效率低及资产流失的病理机制也很相似，而以国有企业最为典型：一方面，人人有份，人人都应关心其损益；另一方面，就每一特定的具体人来说，公产之损益又不关其痛痒，即利益不相关或相关度过低，不足以促使其为创造和维护这个"大家"的利益尽心竭力。无论是国有企业的经营者

---

[1]　参见余元洲："论民法革命"，载《社会科学》1997 年第 12 期。

还是政府国有资产管理部门的官员们，对于国有企业的亏损、效率低和资产流失，都没有资本主义私营业主或老板对其经营亏损、资产流失所感受到的那种切肤之痛和割腕失血感。将这样的企业放到市场中去与资本主义私营企业竞争，其结果可想而知。

进一步说，国有、集体企业与资本主义私营企业相比效率低下的原因与作为企业生产经营活动主体的人的积极性有关。不仅如此，正确的说法还应当包括人的消极性在内。也就是说，公有企业生产及经营活动之主体的积极性得不到充分发挥而消极性又得不到应有的抑制，才是市场经济条件下公有企业亏损、效率低、资产流失（即公有制与市场经济不易兼容好）的根本原因。这也是由前述人的二重性及人性的两面性所决定的。由于人有动物性即趋利避害的本能，且这种本能既能为善亦能为恶，人在企业中从事生产活动时若得不到适当的激励，他就没有多干活、干好活的积极性，这就意味着他有很自然的偷懒的动机，因为偷懒在不受惩罚的情况下就是"避害"，就是节约成本和提高收益率。不仅如此，如果不受监督和处罚的话，他还有偷窃企业原辅材料、产成品及进行其他损公肥私、损人利己活动的潜在动机，因为这对他个人来说也是符合"利益最大化"和"成本最小化"的原则的。反之，如果设计一种体制对他的良好表现给以奖励，对他可能给企业造成损害的种种行为加以监督、防范、制约和必要的惩罚的话，他的趋利避害之本能就会引导他做一切对企业有利的事而避免给企业带来损害。

如果企业的生产人员和一般管理人员需要激励奖赏和监督制约的话，那么，对企业的经营者和高层领导来说就更是如此了。这是因为，虽然国家通过立法可以制定一些必要的制度和政策直接作用于企业的生产人员和一般管理人员，但企业的人、物、事都是需要管理的，而管理人员本身也是需要管理的，如果企业经营者得不到正确而足够的激励奖赏和严密而严厉的监督惩戒的话，就会出现一方面国家的法律和政策得不到很好的执行，另一方面不仅他不对其下属严格履行监管职责，而且他本人还可能一边偷懒一边做有损资本所有人（即国家或集体）的利益之事。在这样的情况下，国有、集体企业的亏损和经营效率低就很自然了。

至于仍然有一些搞得好的国有和集体企业，这完全是由于人的社会性及人在现实社会中的道德状况呈正态分布的规律所致：人既然是社会性的动物而不是纯自然性的动物，那就不可能都是毫无良心良知的损公肥私、损人利己之辈；人类在现实社会中的道德状况既然是呈正态分布的，那就总会有一些为数不多、程度不同的大公无私、克己奉公的社会精英分子在社会的各行各业、各个层次上存在并发挥着作用，其中既包括一些优秀的普通生产工人和一般管理人员，也包括一些优秀的国有企业经营者。正是他们，为一部分国有、集体企业创造了接近于、相当于甚至远超过资本主义私营企业效益水平的辉煌业绩。但这并不能解决公有企业总体上效益水平低于私营企业的问题。因为，根据正态分布律，在社会的各行各业、各个层次上也同时存在着极少数道德败坏、品行不佳的潜在的损公肥私者及广大处于中间状态人们。在市场经济条件下，他们中有些人就会像蛀虫一样每日每时都做着侵蚀公有企业权益和导致公有资产流失之事。

换句话说，"正态分布"的含义是"两头小，中间大"或"两极少，中间多"。根据这一规律，即使在国有企业经营者和政府国有资产管理官员等较高层次上，人们的道德状况也是"两极少，中间多"，不可能人人都德才兼备。这就决定了单纯学"邯钢"不可能把大多数国有企业都搞好。因此，要从根本上解决国有、集体企业在市场竞争中的生存和发展问题，必须建立起对广大道德水平中等之辈（包括中等偏上及略微偏下者）行之有效的激励—约束机制及对另一个少数（即道德不佳者）的监督、防范和惩戒机制。所有这一切，要求在民商私法领域进行根本的制度创新，即民法革命。民法革命就是保证社会主义公有制与市场经济有机结合、和谐兼容并良性运行的法律机制。只有民法革命可使公有经济焕发青春，民法革命也一定能使公有经济焕发青春。至于有些人因为尝到了私有化（化公为私）的甜头而不愿意看到公有经济起死回生，则是另一个问题，超出了本文的讨论范围。

三、关于民法革命之动因的进一步说明

民法革命的动因在于：现有社会主义民法只是贴上了"社会主义"标签的资式民法，虽然写进了一些保护公有财产的条款，但却未就公产之损益与社会公众的个人利益不相关或相关度不高这一现实问题创设特殊的法律机制加以解决。

在这个问题上，国内有学者不赞成对公有资产提供特殊的法律保护，认为无论公有私有，都应一视同仁（如王利明的开山之作《国家所有权研究》即持此论）。笔者则认为，虽然国有企业过去一直得到国家的许多特惠，硬件方面可谓"强者"，但从利益机制上看，由于前面提到的原因，在市场竞争中实际上处于真正"弱者"的不利地位，权益得不到有效保护。之所以一些资深的"马克思主义经济学家"也跟着喊"国有企业退出竞争"，其原因正在这里。在他们看来，既然国有企业不适应市场竞争，退出算了。但"退出"并不是办法，确切些说，只是一种消极的办法，因为"退出"的结果意味着国有企业参与市场竞争的失败，意味着社会主义大厦的支柱和基础削弱。

这里，笔者要说的是，一方面，经济学家们须认识到，国有企业不适应市场竞争的解决之道或积极办法，不在经济领域之内，而在经济领域之外，那就是民法革命。只有通过民商私法领域一系列特殊的机制设计或制度创新，才能弥补国有企业"利益不相关"或"相关度不高"的缺陷，从而改变其"弱者"

地位。

另一方面，民法学家们则应看到，对国有以及其他公有企业提供特殊的法律保护，并不改变通过立法创造一种公、私企业平等竞争的法律环境这一初衷或出发点，恰恰相反，正有利于它的实现。因为，只有民法革命可使公有（特别是国有）企业在与个体、私营企业竞争时处于平等地位。这正是国家立法以保护弱者的使命所在。只有这样，各民事主体"法律面前一律平等"才有意义。不然的话，明知公有企业（特别是国有企业）由于自身固有缺陷参与竞争必然处于不利地位而不采取特殊措施，坐视形式平等造成实际上的不平等，不是与法学研究所追求的"衡平正义"南辕北辙吗？

由此可见，所谓民法革命，实为公有制与市场经济结合的客观要求，并非笔者哗众取宠和主观生造的产物。

民法革命的内容，包括（但不限于）司产与行政分离、物权分与制和信托经营制，以及可作为市场经济条件下公有资产守护神的"特别求偿权"等。下面，我们将简要地分别论之。

四、民法革命的内容之一：司产与行政分离

所谓司产与行政分离，或称司产与行政分立，笔者指的是由全国人民代表大会通过立法创造一种全新的"国家司产组织"，即用"中央人民公社"及"地方各级人民公社"来取代目前设立的从中央到地方各级国有资产监督管理委员会（国资委）。

之所以要这样做，是因为中央和地方各级"国资委"仍然是国家行政机构，仍像过去的企业主管部、委、局、办一样，存在着与其所监管的国有企业之经营业绩利益不相关或相关度不高的痼疾。

众所周知，我国国有资产管理体制的根本问题在于：一方

面，政资不分、政企不分，行政干预、瞎指挥，而做决策和负监管之责的官员并不真正承担责任；另一方面，在建立现代企业制度的过程中和建立之后，所有者缺位，作为国企所有者的国家（以及作为集体企业之"老板"的集体）其权利和利益无人代表、无人捍卫，任人侵吞、任其流失，国人无不为之痛心疾首而束手无策（实际上往往是心痛者无权过问；有权过问者又不心痛）。这是一个两难困境。要摆脱这一困境，就必须创造一个非行政性的国家司产组织，使其在利益上与所监管的国有资产之保值增值高度相关。只有这样，才能从根本上扭转由于公有资本未"人格化"而导致资产流失难以遏止的局面。

创立"中央人民公社"和"地方各级人民公社"作为"公立私法人"独立于同级政府行政机构的目的和意义，就在于此。[2]

五、民法革命的内容之二："物权分与制" 和"信托经营"

这里的"物权分与制"，与"五常定理"所讲的当全世界可以耕种的土地都属某一人所有时，此所有权人将其分给广大农民去种有一定的相似之处，但不完全相同。

所谓"物权分与制"，笔者指的是这样一种制度，在这种制度下，中央和地方各级"国家司产组织"（即中央和地方各级人民公社）都可以独立地投资创办国有企业并拥有其产权，或者，像目前这样在"非零起点"下拥有各自所属的国有企业之产权，但是为了给每个企业都创造一种虚拟的股权多元化格局以利于形成"以多管一"（而不是过去那种"以一管多"）的国有企业管理体制，各级国家司产组织都将自己所拥有的某一企业的产

---

〔2〕 参见余元洲："论司产与行政分离"，载《信阳师范学院学报》1998 年第 3 期。

权之半数"分与"（类似于"分配"）给其下一级国家司产组织
按份持有。"分与"的根据，应是其下一级政权辖域内总人口的
多少。比如，河南省有近 1 亿人口，如果该省的"省级人民公
社"（即"河南省人民公社"）投资 2 亿元人民币创办了一家国
有企业（就假定是"中原酒厂"吧），那么，它就可以将其中 1
亿元的产权（若 10 元人民币 1 股的话，为 1000 万股）留在自
己手里，而将另一个 1000 万股的 1 亿元产权"分与"给全省各
个地级市的人民公社持有，各市依其总人口平均每 10 人分得 1
股（如南阳 1000 万人口分得 100 万股，信阳 800 万人口分得 80
万股，郑州 500 万人口分得 50 万股……）。[3]

实行"物权分与制"以后，可在此基础上进一步推行"信
托经营制"。

谈到信托经营，顺便说一下，"信托"的概念原本是英美法
系（主要是英国"衡平法"）所特有的概念，后来才为日本等
其他国家所采纳。我国的信托法理论和实践，兼采世界各国之
所长，并有自己新的发展。

笔者认为，要想真正理解"信托"，首先应将其与"委任代
理"和"委托行纪"区别开来。代理和行纪的对象或标的，都
是行为而不是财产，是动词而不是名词。代理，指的是代理人
以委任人（即被代理人，又称"本人"）的名义为法律行为，
此行为的后果（即由此所产生的权利和义务）也由委任人即被
代理人（"本人"）享有和承担，代理人则依约取得薪俸或佣金
或代理费作为报酬。行纪则不同，它是行纪人即被委托人以自
己的名义从事活动，活动的结果则由委托人享有和承担，行纪
人即被委托人依约从中提取一定比例的佣金或费用作为报酬。
与此二者皆有不同，信托的对象或客体是资本和财产，所涉及

---

〔3〕　参见余元洲："论物权分与制"，载《华东交通大学学报》1998 年第 2
期。

的是此种资产的所有权，即通过依法、依约设立或成立的信托将其一分为二：其一是名义所有权（即信托所有权），由受托人享有；其二是真正所有权，由信托人（托付人）享有。受托人的"信托所有权"虽是名义上的，但它与别的物权（自物权，所有权）一样属"对世权"，可以对抗除信托人（即托付人或真实所有权人）以外的任何人。也就是说，在信托法律关系之下，受托人是以所有权人（而不是使用权人）的资格和名义去经管和处分"在托资产"的。当然，对在托资产加以经管的结果和收益，应依法定和约定的条件归受益人享有，这个受益人可能是第三人，也可以就是托付人本人，后者称为"自益信托"。信托人的报酬，可以通过从收益中提取一定比例的佣金的办法支付，也可以通过法定或约定的其他办法支付。总之，不会让其白干而无所得，前提是他必须尽心尽力地依法、依约经管好在托资产。否则，不仅无所得，而且还要负赔偿之责和（或）受到相应的其他惩罚。

很显然，这样的信托法律制度，非常适合于国有（以及集体）企业资产的经管。也就是说，中央和地方各级国家司产组织（即中央人民公社和地方各级人民公社）完全可以将自己手里掌握的国有企业之股权依专门制定的信托法律规范托付给同级一家或几家国有信托公司（或国有银行之相对独立的"信托经营部"）经管。后者，即信托公司或银行信托部，则可根据手中受托持有的股权（这些股权就是国家司产组织托付给它的"在托资产"）向各个国有企业派出股权代表组成股东会、选举董事会，由此进入企业的治理结构并成为其核心。[4]

这样，前面所讲的两难困境，也就可以彻底解决了。

---

〔4〕 参见余元洲："论信托经营制"，载《华东交通大学学报》1996 年增刊。

六、民法革命的内容之三：特别求偿权

民法革命的另一个重要内容，是特别求偿权。它是防止国有、集体资产流失的守门神。所谓特别求偿权，笔者指的是通过立法授予那些本来没有求偿资格的人们以求偿之权。也就是说，当一个局外人发现并掌握了国有、集体企业资财受到不法侵害的证据时，可以依照法律关于特别求偿权的专门规定，向人民法院提起"特别求偿之诉"，要求不法侵害人对公有企业的资财停止侵害、排除妨碍、消除危险、返还财产、恢复原状、赔偿损失和（或）实际履行其所依法、依约承担的义务。尔后，受偿的国有、集体企业即应根据国家法律关于"特别求偿之债"的特别规定，向提起"特别求偿之诉"并打赢了官司的求偿人支付一定比例或数额的求偿酬金作为报答。

一旦我们通过立法建立起这样的特别求偿权制度，则不仅中国公民，包括港、澳、台同胞，而且外国人，都可以睁大眼睛盯着我们的国有、集体企业，随时留意看其有没有受到他人的不法侵害。只要发现有人侵害它，就可以立马开始收集证据，以便向法院提起诉讼。

这样的话，我国国有、集体企业的公有资财就可以处在全中国13亿、全世界60多亿人出于自利动机而自觉行动的监督和保护之下。那时，无论是身处国有集体企业领导职位而与外贼勾结的内部蛀虫也好，还是想对国有集体资财伺机下手的外贼也好，都将会感到再也不能像现在这样容易得手了。这对于我国社会主义公有制经济的巩固和发展，将具有十分重要的意义和作用。[5]

---

〔5〕 参见余元洲：《公有制市场经济与民法革命》，河南大学出版社2001年版，第126页。

第5篇 论民法革命

一、问题的提出

《中国法学》1996 年第 5 期上发表有一篇题为《走向法治之路》的长文。这是一篇颇有影响力的文章。这里，笔者使用"影响力"而不是"影响"一词，是因为笔者成天困居斗室，孤陋寡闻，不知道该文发表后是否已在学术界、政界及社会上引起了很大的反响和足够的重视。但这丝毫不影响该文内在的发生巨大影响的"潜力"之存在。作者在文章中指出："总结人类社会法制发展的规律可以看出，法制史的发展大体经历了三个发展阶段（或时代），即刑法阶段、民法阶段和宪政阶段。"文章认为："明确人类社会法制发展的一般规律，了解我国法制发展的进程和当前所处的地位，对于改革法制是十分重要的。法制改革，就是要实现法制从刑法时代进到民法和宪政时代的转变和革新。不实行这种变革，就不能走向法治。""西方国家在资产阶级革命胜利后就制定了宪法，但宪政法制并未随之出现，而是从宪法制定到宪政实现经历了漫长的过程。中国在 1949 年后不久就制定了宪法，但要建立宪政同样还需要时间和努力。"这是极有见地的看法。然而，对于笔者本文的论题来说，更重要的是作者的下述观点，他说：

"要走上宪政法治时代，需要有个民法的发展时期，这是一个无法跨越的阶段。只有民法的大量制定和民法社会的真正建立，才会有宪政法治社会的产生。"这是正确的。但问题是，我国目前到底处在什么样的发展阶段呢？该文的作者认为："中国从 80 年代中期开始民法建设时期，……真正进入民法时期是

1993 年中国确立社会主义市场经济目标后，大规模的市场经济立法。这是民法的建设高潮的标志。民法时代的建立和发展，在西方社会经历了数百年漫长的历史发展过程。在中国这一过程将大大缩短。可以乐观地预测，中国将在一二十年内完成由民法时代步入宪政时代。"并说："我国在由刑法时代走向民法时代进而宪政法治时代是个混合发展过程。"[1]

所有这些，本人都赞同，但有一点感到困惑的是该文的作者宣称我国已经进入了民法时代，并且出现了所谓民法建设的"高潮"。对此，笔者实在不敢苟同。

依笔者之愚见，八届人大四次会议通过《关于修改〈中华人民共和国刑事诉讼法〉的决定》，五次会议又通过了经过重大修改的《中华人民共和国刑法》这两件事，倒是预示着我国立法工作的战略重点将从刑事立法转到民事立法上来。从而，从九届人大开始，制定有中国特色社会主义的民法典或民事基本法将成为我国立法工作的重中之重。而只有当有了一部令人基本满意的社会主义民法典或民事基本法之后，中国进入民法时代才有起码的可能性可言。这是因为虽然有一部完善的民法并不意味着就能进入民法时代，但若没有一部基本完善的民法典或民事基本法则绝不可能进入民法时代。

然而，制定一部适应社会主义市场经济要求和令人基本满意的中华人民共和国民法典或民事基本法却远非易事。之所以这样说，并不是因为我国的民法学家们起草不出一部"像样"的（即"像"《法国民法典》、《德国民法典》、《日本民法典》、1949 年以前的《中华民国民法》抑或《苏俄民法典》那"样"的？）民法典或民事基本法草案来，也不是因为我们的决策层和人大代表没有能力读懂并通过这样一部法典草案，更不是因为有什么"意识形态上的障碍"致使这样一部法典胎死腹中（像

---

〔1〕　蔡定剑："走向法治之路"，载《新华文摘》1997 年第 1 期。

有些人所误解的那样），而是因为我国的民法研究迄今为止基本上仍然停留在对罗马法及罗马法以来的外国民法制度、旧中国民法制度及其理论学说加上我们自己的那部远非完善之作的阐释和评注上面，没有从理论与实践的结合上研究解决我国社会主义的公有制市场经济在运行中所遇到和面临的一系列重大问题。

应当承认，我国民法学界的实力是很强的。老一辈学者功底深厚，笔耕不辍，中青年新秀人才迭出，头角崭露，并都对现实新问题有所接触、有所研究，取得了一些不容忽视的成果，只是尚未实现大的突破，未从根本上解决亟待解决的一系列理论和实践问题而已。究其原因，就是由于在人们的思想中尚未意识到我国的民法制度和民法理论需要一次大的革命，没有这样一个革命，我国的民事立法就不可能为社会主义市场经济的健康运行提供可靠的法制保障。

因此，不言而喻，要想解决问题，必先提出问题。本章的目的，就是要提醒并促使学界同仁认识到，正如将来需要一场宪法革命一样，我们现在正需要一场民法革命：宪法革命的任务是要从法理及法律制度上解决"共产党领导，多党派并存"与现代民主政治所要求的竞争择优、监督制衡之政治机制的兼容问题，而民法革命的任务则是要从法理及法律制度上解决"公有制主导、多成分并存"与现代企业制度及市场机制的兼容问题。

二、民法革命的概念及必要性

何谓民法革命？究其含义，无非是指民法创新，包括民法制度和民法理论两个方面的创新。

民法革命的必要性在于公有制市场经济的实行。若无社会主义公有制经济占主导地位这一基本的政治现实，或者，虽有社会主义公有制经济但不实行市场经济而实行前苏联式的计划经济体制，都没有民法革命之必要，至多只需在继受西方民商法和（或）前苏联东欧民商法的过程中加以适当改造使之适合于当代中国的国情民情就行了，亦即，对 1949 年以前的中华民国民法或目前的民法通则加以适当改进和完善就可以了。从这里也可以看出，民法之革命不同于一般意义上的民法法制之改进：前者要解决一系列重大和根本的理论及实践问题，后者则只需在无关紧要的地方作些适当的修补和改进。

那么，公有制市场经济的实行为什么要求一定要进行一场民法革命呢？

众所周知，我国现行的民事法律制度规范和民法理论，基本上是稍加改造而从民法法系为主的国外民法制度规范和民法理论继受或移植过来的，后者又是从罗马法及其理论发展而来的，而罗马法，正如恩格斯所说，"是纯粹私有制占统治的社会的生活条件和冲突的十分经典性的法律表现"[2]。这样一套法律规范和法学理论，在未经过革命性的改造和创新之前，即使学习前苏联东欧国家的办法在法律上作了关于保护公有财产的种种规定，[3] 理论上也有一些相应的解释和说明，仍然是基本上只能对私有财产提供有效的保护，而不能对公有制经济提供充分、有效的民法保护。这是因为：

第一，在民法为公有财产和私有财产提供同等保护的情况下，由于私有财产受到侵害时其所有者可以很容易感受到利益损失，很容易体会到切肤之痛，并且也有资格以自己的名义提出赔偿请求或提起求偿诉讼，因而较易于受到法律的保护。相反，公有财产是公共的财产即各成员权利平等的命运共同体的

----

〔2〕　参见《马克思恩格斯全集》（第 21 卷），人民出版社 1965 年版，第 454 页。

〔3〕　参见《民法通则》第 73、74 条。

财产。当其财产受到不法侵害时，不仅这个共同体作为法人的抽象存在本身感触不到（这点与私有或私立的法人企业是一样的），而且组成这个共同体的各个成员（自然人）也很难感受到直接的利益损失，很难有私人利益受损害时的那份切肤之痛感（这点与私有法人企业之董事会成员及广大股东的感觉是不同的）。加上公法上民主法制不健全及民事立法的漏洞，作为共同体成员的普通民众无权以共同体的名义向侵害人提出赔偿请求或向法院提起求偿诉讼，而有权这样做的人却很可能正好与侵害人有合谋，即作为共同侵害人之一参与了对公有财产的侵吞和侵害，或者以保持消极处理态度（即某种不作为，如不起诉或不及时起诉）为条件而从不法侵害人那里接受有形或无形的个人好处作为回报。在这种情况下，如无民法制度上创新性的机制设计，是断不可能为公有财产提供充分、有效的法律保护的。

第二，退回来说，如果继续实行过去那一套计划经济体制，不搞市场经济，也不允许非公有经济存在和发展，不实行对外开放，不存在公、私有经济成分之间的交易和竞争，则只要在宪法、刑法和民法中对保护公共财产作出一般性的规定就足以保证公有财产基本上不被私有经济成分或私人个人侵吞，或在受到不法侵害时能够加以保护，就像过去几十年中国、前苏联及其他社会主义国家的实际情况那样。但实行市场经济新体制以后就不同了。其一，市场经济条件下的经济是高度货币化、高度证券化的经济，交易活动复杂而频繁，为公有资产的被侵吞和受侵害提供了较大的客观可能性；其二，经营人员被授予高度的自主权，为公有资产在经营和交易过程中被侵吞和受侵害提供了前所未有的主观条件，而且，如果不实行简政放权或仍坚持由政府官员来直接控制企业的生产经营活动的话，则效率会更低、损失会更大；其三，即市场经济条件下多数人的价值观和道德水平随着时间的推移发生了潜移默化的变化，所有这些因素合起来，如果国家的民事法律制度不来一个根本的革命性变革的话，单靠公法上的惩戒及民法上现行的不痛不痒的原则规定，是无论如何也不能为公有资产提供所需的保护机制的。

第三，除了民事主体的财产权利受到侵害时给以有效的法律保护这一消极功能之外，从积极方面说，民法还有为商法所规范的经营活动提供基本制度框架及一般规范的任务。在这方面，现行的民法如不进行制度创新的话，商法上的创新就会因缺乏民法创新的基础而成为空中楼阁，如公有企业建立独特的现代企业制度及其他种种以"模拟私有企业经营机制，提高公有资本效益水平"为中心的制度创新就难以进行。

正因为如此，笔者认为，公有制市场经济的实行正呼唤着民法制度上的创新，而民法制度上的创新又呼唤着民法理论上的创新，从而，一场前无古人的民法革命也就在所难免了。

然而，需要指出的是，真正科学意义上的革命是与形而上学地理解的"革命"根本不同的。形而上学地理解的"革命"是把一切推倒重来，是怀疑一切和否定一切，是讳言继承，凭空"创新"，实际上，要么是走向虚无主义，要么就是搞成非规范化和反科学的"主观臆造物"或"人为怪胎"。

相反，真正科学意义上的民法革命，只能是在批判地继承罗马法及罗马法以来人类在民事立法和民法理论上所取得的一切积极成果的基础上，结合中国建设社会主义市场经济新体制的实践，在法理及法律制度上创造性地解决一系列（实际上也只是若干个关键性的）重大理论和实际问题，不需要也绝不允许一切推倒重来。

三、民法革命的范围和内容

民法革命包括民法制度创新和民法理论创新两个方面，两方面的关系是互为依存，缺一不可：没有民法制度上的创新，民法理论的创新就缺乏现实的依据，而且没有意义；而没有民法理论上的创新，民法制度上的创新就缺乏理论依据，也无从做起。然而，这并不是"鸡生蛋，蛋生鸡"的怪圈循环关系，而是有一个起头的因素，那就是现实的需要。由于现实的需要，民法制度不得不革新；而制度革新就要求理论上的创新先行一步，为制度创新提供依据；制度创新有所进展之后，又为进一步的理论创新提供现实依据；进一步的理论创新反过来促使制度创新日趋完善，直到一场大规模的民法革命基本任务完成为止。

按照这一认识，则目前的现实直接呼唤的是民法制度上的创新。只是由于没有理论创新，制度创新无从谈起，致使民法理论创新的任务突出出来，成为决定民法制度创新成败的关键。

那么，民法理论的创新应从何入手呢？

笔者认为，虽然民法理论的创新至少应包括概念、原则、原理、法理、对象、方法和体系等多方面的创新，但作为起点的应当是研究方向与方法的改变或创新。具体说来，根据当前中国的现实需要，民法研究的方向应由实然法研究为主转到应然法研究为主，相应地，研究方法也应由实证研究为主转到规范研究为主。这里，实证研究（positive study）和规范研究（normative study）两个术语是笔者从经济学中借用过来的，经过改造之后，所谓的实证研究指的是对现实中的法律现象和法律规范进行不带价值判断的分析和研究，而所谓的规范研究则指的是用一定的价值标准对现有的法律规范进行价值判断，在此基础上提出应然法规范的建议并加以科学的论证。由于涉及对现有实然法规范进行价值判断的标准问题及对所建议的应然法规范进行论证的依据问题，民法的原理即法理上的创新任务就突出出来了。实际上，民法原理或法理（jurisprudence of civil law）的创新才是真正起决定性作用的。没有这方面的创造和革新，民法中一些概念和原则的更新以及若干新的制度机制的设计（即理论上的制度创新）都是不可能的。

那么，民法之法理需要什么样的创造和革新呢？笔者认为，道法论即道与法的关系理论在这方面可能会发挥一定的作用。所谓"道法论"，是笔者研究国际法与国内法之统一法理学时提出的对马克思主义法哲学原理的一种中国化的表述。根据道法论的原理，法是道的法律表现，道是法的内在依据。这里的"道"，就是内在的和必然的客观规律。由于规律是不能违反的，违反了就要受到必然的惩罚，因而"法"就必须与"道"相合。如果不合，就是无道之法，就是恶法，尽管可以强行于一时，但终有一天要让位于合道之法，让位于良法，亦即，实然法让位于应然法或应然法变成为实然法。这是因为，应然法，如果不合于道的话，就不成其为"应然"之法；如果符合于道的话，就不仅是应然之法，而且是必然之法。这就是道法论的要义。由此出发，并考虑到现实生活中的迫切需要，就可以有根有据地提出一系列新的概念和原则，新的制度规范。

比如，由政府一身兼负行政管理职能和国有资产所有权人代表的职能，这在社会主义计划经济条件下或者那些国有企业限于非竞争性行业的资本主义国家都是很正常和很自然的，但在公有制市场经济条件下就不同了：政府行政官员与国有资产经营效果在利益上不相关，从而导致国有企业或者所有者缺位，或者所有者"代表"与国有资产的损益不关痛痒这一事实，就决定了建立专门的"国家司产组织"（即专司国有资产所有权人代表职能的公立私法人）并实行"司产与行政分离制度"的必要性和合理性。这就是"道"的要求。

再如，国有企业在建立现代企业制度过程中对国有独资企业实行股权虚拟多元化的需要及国有企业与私有企业一样对公司法人所有权的需要，就产生了"物权分与制"、"信托经营制"等应然法上的民法制度规范以及"准所有权"和"组织性信托"、"业务性信托"等应然法上的民法概念。这也是"道"所要求的。

最后,由于前面已经讲到的原因,即当国有企业的财产权利受到不法侵害时可能会出现无人出面请求赔偿或向法院提起求偿之诉的情况,就产生了应然法上的"特别求偿权制度"。这种制度授予目前无权求偿的人们以提起"特别求偿之诉"(包括"有因求偿之诉"和"无因求偿之诉")的法律权利及根据法律关于"特别求偿之债"(包括"无因求偿之债"和各种"有因求偿之债")的规定于胜诉后向受害人(即胜诉受偿人)索取求偿酬金的权利。

所有这些应然法上的民事法律规范,都是根据道法论原理所作研究的结果,也是未来这场民法革命中制度创新的理论依据。

第 6 篇　论物权分与制

公有制市场经济的实行，为民法物权法提出了新的研究课题。物权分与制就是其中的一项内容。本章试就这一问题做初步的分析。

一、物权分与制的概念及其研究方法

物权分与是物权取得的一种方式。从最广泛的意义上说，罗马法关于共有财产分割的规定〔1〕，以及中国农村的分家析产〔2〕也可以算作是物权分与制，因为它们也都是通过分与而取得物权的合法方式。但本文所说的物权分与制则指的是公有制条件下特有的物权取得方式，包括所有权的分与取得和使用权的分与取得。

然而，这并不是说中国现在已经有了通过分与取得物权的法律规定。从严格的实在法角度看，物权分与并没有法律上的依据。但是，从中国当今的实际情况来说，则物权分与制既有应然法上的依据，又有客观存在的现实根据。前者指的是国有企业建立现代企业制度过程中出现的产权虚拟多元化的需要；后者指的是中国改革开放过程中诞生的一些与纸面上的法律规定不相吻合的习惯做法或习惯法。

这就产生一个问题，即在实在法并无规定的情况下，怎么能够推论出物权分与制来呢？相对来说，前述第二种情况（即

---

〔1〕　参见［意］彼德罗·彭梵得：《罗马法教科书》，黄风译，中国政法大学出版社 1992 年版，第 230~234 页。

〔2〕　参见郑立、王作堂主编：《民法学》（第 2 版），北京大学出版社 1995 年版，第 220 页。

与法律规定不相吻合的习惯做法）还是比较好办的，可以通过法律逻辑的推理揭示其本来面目，并在此基础上重新加以准确的定性和表述。第一种情况就困难了，因为在现实生活和实在法中都并无根据的改革需要，是不能通过逻辑推理的方法推出来的。在这种情况下，唯一的办法是依据道法论的原理并通过规范研究来找出答案。

这里，所谓"道法论"，是笔者在研究国际法与国内法之统一法理学过程中提出的对于马克思主义法哲学原理的一种中国化表述。道法论中所谓的"道"，是指自然界和人类社会的客观规律，即那种隐蔽在法的背后对一定法律规范的产生、发展或演进起决定和支配作用的因素。用道法论来指导实在法研究，可以使人明了现行法律规范的"所以然"；用它来研究法律制度史，可以使人看清人类法律演进发展的脉络、规律、趋势及其"所以然"；用它来研究现行法律规定之改进和完善的途径、办法及未来发展趋势，则可以引导人们得出正确的结论。道法论认为，无道之法也还是法（即"恶法亦法"），但是随着时间的推移终究会"法将不法"。同样道理，现实中尚不存在的应然法规范，只要有"道"的支持，则总有一天会成为现实，转化为实然法上的法律规范。

本文所说的"物权分与制"，特别是其中关于国有资产所有权的分与取得方式，就是在这种理论指导下通过规范研究（而不是实证研究）得出来的。

二、农村耕地用益权的分与取得

当代中国的土地所有权制度，分为国有和集体所有两种形式。根据法律的有关规定及学者的一般理解，城镇国有土地的他物权之一称为"土地使用权"，农村集体土地的他物权之一称为"承包经营权"[3]。

这里有几点值得研究。首先，使用权可以有广义和狭义之分。狭义的使用权不包括收益权，[4] 广义的使用权则包括收益权，故与用益权大体相当；[5] 其次，"承包经营权"的中心词是"经营权"，"承包"一词是限定语，实际上是指经营权的取得方式，二者合起来指的是通过承包而取得的经营权（用益权）。

这样一来，问题就产生了：我国农村中农民家庭经营的集体土地的使用权或用益权果真是通过"承包"得来的吗？从当前农村的实际情况来看，答案是否定的。

在农村，虽然法律明文规定了"承包经营"，人们在报告和文章中通常也这么说、这么写，甚至许多地方还煞有介事地组织各家农户与村委会或村民小组一一订立农用耕地承包经营合同，但实际上各家耕种的土地并不是承包来的，而是按人口"分与"来的。要明白这一点并不难，只要我们向随便一个什么村的村委会或村民小组或村民们提出以高出他们目前各家实际上缴钱粮数量的条件承包下来他们村的全部或部分土地进行农业生产经营，就会从他们拒绝的理由中得到启示。他们中的绝大多数不大可能说："我们目前的承包合同还未到期，您想承包的话，得等到我们的合同到期才行。"相反，他们几乎会一无例外地叫道："我们的土地都是按人口分的，您不是我们村的人，凭什么来这里'承包'我们的土地耕种！"

当然，允许外地人来承包本村土地进行耕种的情况也是有

---

[3] 《民法通则》第 80 条第 2 款；另请参见王利明："关于我国物权法制订中的若干疑难问题的探讨"（下），载《政法论坛》1995 年第 6 期。

[4] 参见周枏等：《罗马法》，群众出版社 1983 年版，第 187~189 页；另见［古罗马］查士丁尼：《法学总论——法学阶梯》，张企泰译，商务印书馆 1989 年版，第 62~63 页。

[5] 《民法通则》第 81 条。

的，但那要么是实行"两田制"的地方口粮田之外的所谓"责任田"，要么是被当地人抛荒而由村里收回后重新发包的土地。

针对上述情况，有人可能会认为这仅只表明本村人相对于外地人享有"优先权"即优先承包权，并不意味着村民们的耕地用益权是分与得来的。对此，笔者的回答是，优先权之说可以成立，但也仅只适合于口粮田之外的"责任田"或被抛荒后由村里收回的那部分口粮田，除此之外，不存在优先不优先的问题。而且，从法理上说，承包的要义是当事人双方自由自愿的合意，如"承包"一词在英语中就是"订合同"（contracting）的意思。这样，如果我国目前农村中农民对集体土地的用益权真的是通过承包得来的话，那么，在这些合同签订之前，作为发包方的村委会、村民小组或农村集体经济组织就应有权将其所有的土地自由地发包给任何愿意缴纳更多钱粮的人，而不一定将成片的土地分割为许多小块并无一遗漏地发包给每一家农户。这当然是不行的。由此即可以见得，在广大农村所实际通行的根本就不是承包经营制，而是物权（用益权）的分与制，只不过表面上徒具承包的形式和空名而已。

物权分与制的提出，可以在一定程度上解释长期以来困扰经济学家们的一个百思不解的问题：为什么我国农村的有限的耕地不能通过竞争投标的方式由少数种田能手集中承包下来进行更有效率的规模经营呢？由于将耕地交由种田能手（或者更确切些说是农业生产经营能手）集中承包下来进行规模经营必然会迫使至少一部分农民因失去生产和生活资料而不得不充当前述农业生产经营能手的雇佣工人，所以人们很容易撇开法律权利不谈而从"耕者有其田"的政策角度、政府害怕政治风险的现实政治及意识形态角度对此加以解释。但是，这却不能回答为什么外村的"耕者"不能到本村来做"耕者"并"有其田"的问题。这其中的原因，说起来很简单：农村的耕地是集体所有的，因此，不是"耕者有其田"，而是各该集体的"成员有其权"；耕与不耕，倒在其次。当然，如前所说，外村人来本村做"耕者"并通过承包而取得土地用益权的情况是有的，本村或外村的种田能手承包大片耕地进行规模经营的情况也是有的。但这些都仍然只是实行"两田制"地方的"责任田"或被抛荒后由村里收回的土地。在那些人均不足一亩甚至只有三四分地因而无法实行"两田制"也无人抛荒的地方，是绝然行不通的！这就充分说明，村民"承包"的土地实际上是"分与"得来的，是作为集体成员固有权利的体现。

这同时也提示我们，将来农村若推行规模经营以提高有限耕地的利用和经营效率的话，有两种形式可供选择，其中之一是，允许农民在一定期限内依法有偿转让其所分与得来的集体土地用益权，这是目前人们广为谈论的一个方案。而另一个更好的办法则是，先将集体土地的所有权股权化，再将村民对此公有土地之用益权的分与取得权利改为对此土地之股权化的所有权的分与取得权利，即以家庭为单位，每个家庭有几口人分得几股。这样，就可以使村民家家为股东，并且其股权除依法调整外不可剥夺。在此基础上，则可通过对该土地用益权的竞争性发包、出租或拍卖，实现土地这种稀缺资源对村民集体及作为其成员的村民个人双方的收益最大化。只有到那时，即当各集体之所有成员都能通过股权分与制体验到自己是集体土地真正的主人（即股东）并获得其应有的收益时，他们才会同意放弃对该土地使用权之平均主义的分与取得权利，从而，其中的一部分人才会乐意到种田能手经营的农场上接受农业工人的地位和待遇。也只有到那时，建立在坚实的土地公有制基础之上而由农业生产经营能手来承包、租赁或购买土地用益权进行适度规模经营的现代化的农场企业才能够大量出现并得到发展。这是中国农业现代化的一种较为理想的制度选择。

需要指出的是，笔者使用的"物权分与"与农民们习惯上说的"分田分地"的"分"字在概念上是不同的。通常，当人们讲到"分田分地"的"分"字时，往往理解为分配。但"分与"不等于"分配"。分配的东西不再收回，而由受分人永久持有或作为生活资料消费掉。分与则不同。它指的是经过一定的时间后将分与物收回来不再分下去，或者是指每过一段时间将分与物收回并根据变化了的情况重新分与。我国农村目前的土地制度就是后一种情况。不过，现阶段的政策是坚持"大稳定、小调整"的原则。所谓"大稳定、小调整"，就是只针对情况发生变化了的部分加以调整，如自然减员、合法生育、婚迁及农转非迁出等。这里所谓的"调整"，其实质就是重新分与，只不过涉及面较小、影响不大而已。农业部《关于稳定和完善土地承包关系的意见》说的是提倡在承包期内实行"增人不增地，减人不减地"。[6] 在这里有两点值得注意：其一是"承包期内"增人不增地、减人不减地就意味着"承包"合同到期后可以甚至必须增人则增地、减人则减地；其二是所谓的承包"合同"就其实质来说是"农村集体土地用益权分与证书"，只不过由于"分与"也有一个公平与否及是否为各受分人接受的问题，故尔采取"合同"这样一种表示双方合意的法律形式罢了。另外，这种纯属形式的"承包合同"关于期限的规定，也正好适应了土地使用权分与制度下每过一定时间后才能对这种分与加以调整的客观需要。不过，这种调整虽然在理论上可行，但在实践中则有许多技术上的难题，如所谓保留5%的预留田以备调增之用就非常不切合实际，此外还有其他困难，等等。假如实行前述第二方案，即以集体土地所有权的股权定期分与制度代替目前的土地使用权分与制度，就可以很容易地加以调整并具有其他多方面长处。

总之，当前我国农村中实际通行的土地制度是一种与成文

---

〔6〕 参见王卫国：《中国土地权利研究》，中国政法大学出版社1997年版，第101页。

法纸面规定不相吻合的习惯做法，其实质是一种物权分与制，即土地用益权的分与取得制度。一旦我们在此问题上取得了共识，就可以转而研究国有企业改革中的所有权分与制度及其相关问题了。

三、国有资产所有权的分与取得

如果说农村耕地用益权的分与取得只是与成文法不相吻合而在现实生活中确有习惯法或习惯做法作为根据的话，那么，国有资产所有权的分与取得就无任何实在法上的根据了。在这种情况下，就只能从应然法的角度对其必要性和合理性加以研究。

另外，由于科学的应然法规范必有"道"的支持，而"道"又是不容违反的客观规律，如果违反，必受惩罚，这样，从应然法角度对国有资产所有权的分与取得进行研究也就同样具有坚实的基础和依据，并因此而在理论和实践上具有不可替代的意义。

那么，对国有资产所有权实行分与取得制的"道"或客观必要性何在呢？

众所周知，迄今为止国有资产的所有权都是由中央政府代表全国人民行使的。在此基础上，才有所谓"统一领导，分级管理"的原则和办法，其"分级管理"也只是把一些企业划分给中央，一些企业划分给各级地方，分别由中央和地方各级政府的企业主管部、委、局、办按行政方式加以管理。近年来则逐渐形成了一种由中央和地方各级政府的国有资产管理局或委员会代表国家实施统一管理的趋势，但仍然未能摆脱按行政方式加以管理的旧思路。由于每个国有企业基本上都只有一个并且不是真正老板的"老板"（行政机关）对其加以监管，加上各级政府的行政官员与国有企业的经营效果在利益上不相关，就很自然地造成了国有企业在与私营企业的竞争中处于不利地位的局面，不能适应社会主义市场经济新形势及国有企业建立现代企业制度的需要。实际上，国有企业的"所有者缺位"或所有者代表与企业经营效果之间"利益不相关"以及"所有者代表单一"，正是造成国有企业"内部人控制"及经营亏损或效率低下的根本原因。

因此，要从根本上解决国有企业的经营亏损或效率低下问题，必须解决国有企业所有者缺位、所有者代表单一及与国有企业经营效果利益不相关等一系列问题。鉴于此，笔者先后提出了"司产与行政分离"和"上下分股信托经营制"等改革办法。其中，"上下分股"就是建立在"物权分与制"的假定之上的。

这里，"上下分股信托经营制"是笔者建议的一种改革方案，其大体内容是：每一个国有企业（至少是其中的大型企业）的股权之半数由中央专职司产机构或组织持有；另一半股权则按各省、自治区和直辖市的人口多少"分与"各省、自治区和直辖市的专职司产机构或组织持有；中央和地方的司产机构则将所持股权凭证交由中央和地方的多家国有资产信托经营机构（信托公司或商业银行信托部）经管，后者再以此为据向其持股的国有企业派出股权代表行使股东职权，并互选产生企业董事会，进入企业的治理结构参与经营决策。

为便于理解，让我们随便举一家国有企业（如九江大化肥厂）作为假设例来加以说明。不管该企业的国有资产价值几何，为简便计，我们假定将其划分为 260 股，其中 130 股由中央司产机构直接持有，另外 130 股则按各省、自治区和直辖市的人口多少分与各省、自治区和直辖市的司产机构持有，分与的大体原则和方法是：各省、市、区每 1000 万人口分 1 股；不足 1000 万人口的，视同 1000 万人口分 1 股；尾数超过 500 万人口的，另外增加 1 股。中央和各省、市、区司产机构各将其所持有的股权证书交由同级多家信托公司经管，这些信托公司再以此为据向该企业派出股权代表组成股东会或股权代表会，由股东会选举产生董事会，再由董事会依公司法之规定聘任总经理，负责企业的日常经营管理工作。

于是，一个国有独资企业就这样被虚拟多元化了。根据"一人为私，二人为公"的原理，加上配套的监督制约和奖惩机制，从中央和各省、市、区派往该企业任职的股权代表对董事会、董事会对总经理的选聘、监督、奖惩机制无论如何将比目前的体制和办法更完善、更优越、更有效。由此决定，该企业所有者缺位、所有者代表单一及利益不相关的问题都将迎刃而解，相应地，经营效率也必会有所提高。

不言而喻，所有这一切都有赖于"上下分股信托经营制"，而"上下分股"又有赖于"物权分与制"，即在民法物权法上对"国有资产所有权的分与取得制度"作出规定。这样的规定不仅是必要的，而且是合理的。其合理性在于：既然全国人民的人口数量是由各省、自治区和直辖市人民的人口数量所组成的，那么，将一部分股权按各省、市、区人民的人口数量之多寡分与各省、市、区的专职司产机构持有，就丝毫也不会改变各个国有企业的资产归全国人民所有这一根本的利益格局，不同的只是为国有企业找到了一个实现股权虚拟多元化和建立现代企业制度的理想形式罢了。至于各个国有企业之一半的股权在各省、市、区之间按人口多少平均分配有可能使人口少而经济发达的省市吃亏的问题，笔者认为，这一方面确实有利于改善人口众多但经济欠发达地区的状况；另一方面则因"税在当地"而不致使经济发达省份吃很大亏，故尔无碍。

需要指出的是，与农村集体土地用益权分与取得的情况一样，国有资产所有权的"分与取得"也不同于"分配取得"。因此，随着时间的推移，如果某些省份的人口在符合国家计划生育政策的前提下增加了而另一些省份的人口减少了的话，此种分与所得的股权也应按照前述物权分与制原理重新分与。

结合前面讲的农村土地用益权的分与取得，我们看到，"物权分与制"与俄罗斯私有化过程中实行的"股权分配制"及主张将集体土地化公为私的"分田到户制"的实质是根本不同的。这是适应建立社会主义市场经济新体制需要而在理论上创造出来的独特的物权法制度。虽然，它还有待于通过国家的立法来加以认可，但"道之所存，法之所依"，道既如斯，法必随之。只要真正符合于"道"，迟早一定会为国家的立法机关所认同的。

第 7 篇　论准所有权

在研究物权法的过程中，笔者接触到一些法律现象和法律问题，这些现象和问题不能用现行的法学理论和法律概念来解释，遂使笔者不得不另辟蹊径，寻找解决问题的办法。所谓"准所有权"理论，就是由此得到的一个成果。

一、准所有权的概念

那么，什么叫"准所有权"呢？

根据现有的民法理论，物权分为自物权和他物权两种，其中的自物权指的是所有权，他物权大而言之包括用益物权和担保物权，用益物权则指的是使用及收益的权利。然而，世界上还有一些按其性质属于物权而不是债权但却不能将其简单地归入自物权或他物权任何一种现有物权类别的情况。这是一种新的物权类别，这种物权介于自物权与他物权之间，但又不是不偏不倚，而是有所偏重，即更像是自物权而不是他物权。因此之故，可将其称为"半自物权"或"准自物权"。由于自物权也就是所有权，所以，笔者将其称为"准所有权"。

准所有权可以粗分为两个类别：一类是有限所有权；一类是虚拟所有权。有限所有权与虚拟所有权相比的不同在于它是一种实实在在的所有权，只是在某方面受到特定的限制而已。相反，虚拟所有权则不是实在的所有权，而只是现实中某种特殊的物权关系在法律上的拟制。

下面，就让我们对这两种准所有权形式分别加以考察和分析。

二、准所有权之一：有限所有权

所谓有限所有权，不是泛指一般的受到限制的所有权（这种所有权受限制的情况在现代社会是普遍存在的[1]），而是专指某方面受到特定限制的所有权关系。有限所有权的一个典型例子是住房商品化条件下买房人对房屋的所有权，特别是在像我国这样实行城镇土地国有制的国家中房屋购买人对商品房的所有权。这种有限所有权类似于德国民法中的"住宅所有权"（1951年生效的法律），但在我国更具有典型意义，因为我国实行的是城镇土地国有制。[2]

在我国，由于城镇土地为国家所有，房屋开发商只能买得建筑房屋所需地皮的使用权而买不到其所有权。由于每次土地使用权的出让都有一定的年限，如30年、50年或70年等，合同到期后土地的使用权连同地上建筑物即应由国家收回或进行再出让。[3] 在这种情况下，商品房的购买者所得到的房屋所有权就不可能是一种完全的或真正的所有权，因为他对该房屋的所有权的效力在时间上不可能超过房屋开发商所购买的土地使用权的使用年限。这就出现了所有权从属于或受制于使用权的情况。但这与单纯购买房屋使用权的情况也不一样。在后一种情况下，房屋使用权人未经房屋所有权人同意不得自主决定将其出售、出租或出典，而前一种情况下的权利人却可以这样做。

---

〔1〕 参见王利明：《国家所有权研究》，中国人民大学出版社1991年版，第180~181页。

〔2〕 参见德国汉堡大学海因·克茨教授为孙宪忠：《德国当代物权法》（法律出版社1997年版）一书所写的序言。

〔3〕 参见戴凤岐："执行'房地产法'要有个说法"，载《中国建设报》1994年12月29日，第3版；另请参见王利明："关于我国物权法制订中的若干疑难问题的探讨"（下），载《政法论坛》1995年第6期。

笔者所说的作为准所有权之一种的有限所有权，即指这种特殊的所有权。

提出准所有权一说并将住房商品化过程中个人或家庭出资买房所得到的房屋所有权界定为其一种，可以为此种所有权关系中各方当事人明确自己的权利界限提供依据。

三、准所有权之二：虚拟所有权

准所有权的另外一种是虚拟所有权。它是非自物权对自物权的一种法律上的拟制，其典型形式是信托所有权。所谓信托所有权，是指受托人以信托关系为依据而以在托资产（信托资产）所有人的名义享有并行使的某种类似于所有权的特殊的法律权利。而所谓以信托关系为依据，也就是以信托协议和（或）有关法律规定为依据，即经信托协议和（或）有关法律之授权享有并行使虚拟所有权人的权利，同时承担相应的义务。

信托制度本是英美法所专有的一项独特的法律制度，为大陆法所没有。然而实际上，正如科学无国界一样，法律制度上的任何创造性成果的出现也都是全人类的财富，可为任何适于采用它的国家所继受。中国的民事法律制度虽然总的来说是从大陆法系继受而来，但信托法律制度则应主要从英美信托法继受而来。

需要指出的是：一方面，由于中国实行的是公有制为基础的社会主义市场经济，中国的信托法不可能照抄照搬英美以及同样继受了英美信托法的日本或任何其他国家的版本。另一方面，由于几乎任何国家的任何一项法律制度的诞生都是立法者及其他直接或间接参与立法过程的人们（包括政治家、法学家、各领域专业人员及其他实际工作者）为解决现实难题而进行的创造性劳动的产物，同时也由于人的智慧的有限性和不完美性，因而不大可能出现任何一个国家、一个时代的人们已将他们面临的按说可以解决的所有难题都一无遗漏地全部解决完毕的情况。这样一来，就使得我们今天在研究信托法律制度的时候，不仅要考虑社会主义公有制对完善中国信托法的特殊要求，而且要考虑必要且可能时对外国人在他们当时的条件下本来可以解决但却未能解决或未能给以满意解决的那些问题加以解决，包括对他们在立法或学说中解决得不当或不够科学的地方加以纠正。

首先，用这样的观点看问题，则我们要解决的一个问题是对委任代理、委托行纪和信托三者加以必要的区分。目前在这一问题上国内外学者们的认识都很混乱。其表现：一是将国有企业的产权关系说成委托代理关系；二是将信托与行纪混为一谈。虽然这个问题上国际国内的学者们尚无定论，法律上也没有完全科学和严密的规定，但是，从合道的应然法角度讲，在理论和法律上似乎可以对此三者作这样的区分和界定：第一，信托的标的是物，而行纪和委任代理的标的则是法律行为；第二，就委托行纪和委任代理二者的区别而言，委托行纪（如寄售行纪和对外贸易行纪等）是以行纪人自己的名义、使用委托人的资金或其他资源为委托人办理事项，代理则是以被代理人的名义根据被代理人的委任和授权代替被代理人为法律行为，其法律后果由委任人即被代理人承担。

其次，将信托从与委托行纪和委任代理的混杂中分离出来后，即可考虑对信托重新加以科学的分类了。目前，对信托的分类方法很多，而且从各自的角度看也都有一定的道理和意义[4]。然而，最最基本的是应当将其划分为组织性信托（或组织信托）与业务性信托（或业务信托）这样两个大的类别，其他一切分类方法都只有在此基本分类的前提下才能显现其应有的价值。

---

〔4〕 参见林国民等编著：《外国民商法》，人民法院出版社1996年版，第50～51页。

最后，由于以标的是物还是行为为标准将信托与行纪和代理区分开来，信托人对受托人转移的是物的所有权还是使用权、用益权、占有权抑或单纯的占有这一问题也就突出出来了。笔者认为，解决这个问题的线索在于首先应认识到，信托有协议信托和法定信托之分：协议信托当事人之间的法律关系是一种合同之债关系，而法定信托当事人之间的法律关系则是一种新的债权债务关系即信托之债或准契约之债的关系。这样，既然信托关系都是债的关系，那么，理所当然的，在信托人与受托人之间可以并且应当确定的权利义务关系至少有两点：第一，受托人必须承认信托物（即在托资产）的真正所有权属于托付人即信托人；第二，在此前提下，信托人可以将信托资产的名义上的所有权虚拟地转移到受托人手中，使其在与其他一切人（包括非自益信托的受益人在内）的关系中能得以所有者的名义经管和处分在托资产，亦即，使其能以所有权人的资格对抗第三人。

有人可能会认为，仅仅向受托人转移信托物之使用权、用益权或占有权甚至单纯的占有也能够达到上述目的，没有必要转移虚拟的所有权。这是不对的。因为第一，虽然他物权也是一种对世权，具有对抗第三人的法律效力，但只有所有权具有优于一切他物权的法律效力，虚拟所有权仅稍逊于此；第二，更重要的是，只有所有权人有相对自由地处分所有物的权利，而虚拟所有权人也仅是稍逊于此。因此，为了使受托人在不侵害且有利于信托人和（或）受益人权益的前提下具有尽可能强的对抗第三人的权利及经管和处分信托资产的充分的自由，向受托人转移在托资产的虚拟所有权（即法律上拟制的所有权）是必要的。

现在，我们终于涉及信托法律关系中的一个核心问题，信托法律关系中的"信任"（trust）一词体现在何处？有人认为，信托法律关系中的信任体现在信托人"将自己的财产委托给足以信赖的第三者，使其按照自己的希望和要求进行管理和运用"[5]。笔者认为，信托法律关系中的信任不是或主要不是体现在信托人选择"足以信赖"的受托人，而是体现在法律迫使受托人不得不做足以使信托人信任的事；如有违反，就要承担相应的法律责任。也就是说，法律为受托人设置的义务及追究其违约或违法责任的制度应足以使信托人对任何充任受托人的人都能加以信任。当然，在实际上，信托人是绝不会因为有了此种法律保障就忽视对受托人的选择的。但真正靠得住的不是这种选择而是相应的法律规定。也正因为如此，在信托法律关系中，信托人才敢于将自己财产的所有权在虚拟的意义上授予受托人。

在有了以上这些总的认识之后，我们就可以转而对信托所有权的两大类别分别加以讨论了。

四、信托所有权之一：组织性信托所有权

迄今为止的信托法律制度和信托理论都仅限于业务信托。然而，在现实中，除了业务信托之外确实存在着一种可称之为组织性信托或组织信托的非业务性信托。这有两种典型情况：一种是人民通过组织国家而将财产和（或）权力托付给国家；一种是股东通过创建公司而将资产托付给公司法人。

关于第一种情况，请允许笔者先讲一点离题的话。我国《宪法》第2条规定："中华人民共和国的一切权力属于人民。"这里，"一切权力"当然也包括主权在内。因此，此项规定意味着我国的主权和其他权力都归人民所有，是人民的主权和人民的权力。另一方面，我们同样经常地说，国家（的）主权、国

---

〔5〕 参见张茂、湘子："国际信托法律适用问题初探"，载《法学评论》1996年第6期。

家（的）权力。这样一来，问题就产生了：人民的主权同时是国家的主权，人民的权力同时是国家的权力。这是怎么回事呢？似乎很难理解。但若用组织信托的理论来解释就很清楚了：人民是国家主权及其他一切权力的真正所有人，国家则是其受托行使者，即信托法律意义上的虚拟所有权人。只是这种信托法律关系的成立不是通过业务交易，而是通过对国家政权的组织来实现的。故此称之为组织性信托所有权。

同样，我国的社会主义国有企业全称为"全民所有制企业"。全体人民所有的企业怎么会同时又是国家所有的企业呢？其原因或奥妙就在于，人民通过组织社会主义国家政权而将自己对企业的所有权托付给了国家。全体人民是国有企业的真正所有者，国家则是信托法律意义上的虚拟所有权人。

股份公司的情况与此类同。不管公有或私有，股份公司（包括股份有限公司和有限责任公司）的资产归根到底是由各家股东出资形成的，其真正的所有者是各位股东。但是另一方面，公司作为法人一旦合法设立，股东出资所形成的公司资产就归公司这个法人所有。这就出现了既为股东所有又为法人所有这样一种所谓的"双重所有权"现象[6]。但"双重所有权"的说法是不确切的，因为它未能指明两种所有权各自的性质和区别。笔者认为，是否使用"双重所有权"这一概念并不重要，重要的是应当明了：股东是公司资产的真正所有者，而公司这一企业法人则是其信托法律意义上的虚拟的所有权人。

需要说明的是，用信托关系来解释公司与股东之间的关系并不是笔者的首创，而是早有先驱。但是由于囿于业务信托的框子，在理论上难免漏洞百出，因此不可避免地受到另一些学

---

[6] 参见王利明：《国家所有权研究》，中国人民大学出版社1991年版，第192~200页。

者不无道理的批评和抨击[1]。然而，一旦我们运用组织性信托的概念及组织信托所有权的理论和方法来重新审视股东与公司之间的产权关系，则一切问题和疑虑就都可以得到圆满的解答。

顺便指出，我国法学界的民法学者们目前在主张法人所有权和反对法人所有权问题上已经形成对立的两派，但迄今为止两派的观点都不能够说服对方。主张法人所有权理论的人如不明确承认"股东是真正的所有者，法人只是虚拟的所有权人"这一原则的话，无论如何也难以让人心悦诚服地接受其"理论"。反过来看，反对法人所有权理论的人们，尽管有《民法通则》第82条和《公司法》总则第4条规定支持其论点，也是毫无说服力的，因为这两条规定本身就是我国民法学对此问题尚未研究透彻和思考不成熟的产物。

众所周知，在市场经济条件下，交易活动的成败盈亏乃商家常事，破产还债也是正常现象。在这种情况下，如果企业法人对企业资产没有所有权的话，当事人怎么能指望交易对方不惜亏损以至破产也必履行其所负义务呢？要知道，所有权不同于他物权的最大特点之一是所有权人对所有物拥有相对的自由处分权。无所有权即无此种自由处分权，而无财产处分权即无破产还债的可能，因为他物权人是无权以他人所有之物来破产还债的。资本主义租地农场的经营者之所以能以自己的名义承担破产责任，并不是因为他们拥有租来的农场土地，而是因为他们开业之初即在农地之外另有足够的法定注册资本。

这样，如果我们一般地承认企业法人可以破产、可能破产且于必要时必须破产的话，那么，就应当承认，企业法人对于出资人投入企业的资产拥有无可争议的所有权。并且可以推定，《民法通则》及《公司法》的规定与此精神有所未合。这是因

---

[1] 参见王利明：《国家所有权研究》，中国人民大学出版社1991年版，第175～177页。

为所谓的"经营权"既不是自物权，也不是半自物权，而仅仅是他物权；而所谓的"全部法人财产权"，如果排除掉所有权和准所有权的话，也仅只剩下他物权了。而由于单纯的他物权不可能与法人破产制度相适应，这就暴露出此种规定与市场经济运行的要求及公司作为法人的概念格格不入之缺陷。

最后，就以上讨论所涉及的问题，补充说明两点：

第一，与法人企业通过虚拟所有权来保障交易的可靠性和可信性相对应，非法人企业及个体或家庭经营者则是通过负无限责任来保障交易的可靠性和可信性的。

第二，虚拟所有权的"虚拟"二字是仅就托付人与受托人（此处指股东与公司法人）的关系而言的，因为在此二者之间真正的所有权人是托付人，是股东，是出资人，而不是公司法人，后者的所有权人资格是假的。但在对第三人即对世的关系上，所有权就是所有权，而既然是所有权就有别于他物权，并无真实与虚假之分，或者说，不应也不可能是虚假的。否则，就仍无交易的安全可靠及可信性可言。

五、信托所有权之二：业务性信托所有权

组织性信托或组织信托之说的提出，为理解和阐明国有企业的资产归属问题打开了通路。但要真正解决问题，仅有组织信托的概念和理论是不够的，还必须结合业务信托来加以考察。这是因为，本来按照组织信托的概念和理论，我们可以认定国有企业的资产属于全体人民，人民是国有企业之资产的真正所有者，而国家则是信托法律意义上虚拟的所有权人，然后，再进一步，可以认定国家作为虚拟的所有权人又将国有企业的资产再信托给国有企业这个法人组织，形成所谓"三重所有权格局"（假如所谓"双重所有权"理论能够成立的话）。在这种由多级信托形成的所有权格局中，人民是国有资产之终极的和真

正的所有者，企业法人享有最直接的信托所有权，而国家则作为一级信托的受托人和二级信托的托付人居于其间。但是，这样一来，问题就产生了：国家将国有企业的资产托付给企业法人经管是通过组织信托还是非组织信托实现的呢？如果说是通过组织信托实现的话，那就意味着国家作为一个唯一的出资者也可以通过设立成千上万的企业法人实现对受托资产的再信托。这在理论上是可以成立的。然而，现实中的情况表明，国有独资有限责任公司，如果没有科学的制度创新的话，并不是一种很好的公司组织形式。毋宁说，是一种很不好的形式，因为"一人为私，二人为公"，由一个人充任国有股权的代表来行使股东职权是肯定不及多元股东那样对企业经营者的监控严密而有力的。而国有独资企业要实现虚拟的多元化，就必须借助业务信托。

所谓业务信托，也就是经营信托，其一般的运作模式是：信托公司作为专门经营信托业务的机构，依法将信托人所托付的资产当作自己的资产加以经管，但信托资产及所生孳息（经管收益）则依法属信托人即托付人所有，因此应于必要时返还给信托人或其指定的受益人，信托公司仅按信托协议和（或）有关法律规定的条件和办法从中提取一定比例或数额的信托佣金。在这种法律关系中，信托人是信托资产的真正所有人，信托公司则是其虚拟的所有权人。

有了业务信托的一般概念之后，国有企业的资产所有权就可以实现虚拟多元化了。其办法是：将同一个国有独资企业的所有权（信托所有权）人为地划分为若干股份，然后通过"物权分与制"分与不同的专职司产组织或机构持有，再由各专职司产机构分别托付给若干个信托公司经管，后者再根据所受托持有的股权向企业派去股权代表行使公司法规定的股东职权。

这样，很显然，就信托公司所得到的国有资产信托所有权而论，是一种业务性信托所有权；而就国有企业所得到的信托所有权而论，则是一种组织性信托所有权。国有资产的所有权就可以通过二者的混合运用实现虚拟多元化，从而为国有企业建立现代企业制度找到一种理想的途径和法律形式。虽然目前所有这一切都还只能在应然法的意义上谈论，但"道之所在，法之所依"，只要真正符合于"道"，应然之法也就是必然之法，或迟或早定将转化（或外化）为实在法律规范。

本章关于准所有权问题的探讨，其主要的目的和意义也就在这里。

第8篇 论司产与行政分离制度

一、引言

11 年前，寇志新在《西北政法学院学报》1987 年第 3 期上发表了一篇题为《从民法理论谈国家所有权和企业经营权的关系及其模式设想》的文章。他在该文中提出了实现两权分离可供选择的两种方案：一种是"区分性改革"；一种是"分开性改革"。所谓"区分性改革"，是指在不另立机构的情况下通过法律规定作出种种区分来实现国家作为行政主体身份与作为民事主体身份的分离；而所谓"分开性改革"，则指的是在行政机关之外另行建立一个专司全民财产经营管理活动的机构，其具体设想是在全国人民代表大会之下设立一个"全民财产经营大会"，以此"作为人大管理全民财产的常设机构，行使全民财产的所有权，充当全民财产的所有人"。[1]

此后，提出将国有资产管理部门与行政部门分开主张的人日渐增多，著名经济学家吴敬琏是其中较有代表性的一位。吴先生的主张是，在全国人大和地方各级人大常委会之下建立"公有资本经营委员会"，以此"作为公有产权的代表，组织一级持股机构的董事会，并对其工作绩效进行评价和监督"。[2]

需要指出的是，与吴敬琏不同，寇志新在提出"分开式改革"时还非常小心、谨慎，不是作为国企改革的当务之急，而

---

〔1〕 参见寇志新："从民法理论谈国家所有权和企业经营权的关系及其模式设想"，载《西北政法学院学报》1987 年第 3 期。

〔2〕 参见吴敬琏：《现代公司与企业改革》，天津人民出版社 1994 年版，第 270～276、288 页。

是作为社会主义发展未来——共产主义的遥远理想提出来的。[3]
但改革的进程已经使我们不得不认真考虑司产与行政分离的问
题了。本章的目的就是要对司产与行政分离的必要性、可行性
及改革方案加以探讨，以期深化对这一问题的研究，为改革实
践提供参考。

二、司产与行政分离的必要性

现在，与十余年前不同的是，建立国有资产管理机构专司
国有资产所有权职能已经成为理论界和决策部门的共识，但在
这一机构的地位、职责、组织体系及对国有资产的管理方式等
方面仍然存在较大的分歧。[4] 而在这些尚未形成共识的问题上，
首先要确定的是：这种专司国有资产所有权的机构到底应不应
该从狭义政府即行政部门中分立出来？

在这个问题上，有三种观点：

第一种主张不分立，如王利明就认为"国家所有权所具有的
全民意志……的执行，只能由能够代表国家的政府来完成，政府
作为国家所有权主体的代表，是由政府本身的性质决定的"[5]。

第二种主张分立，如前述吴敬琏及寇志新的第二方案（他
的第一方案即"区分式改革"实际上也是主张不分立的）。

第三种是在未明确表态的情况下隐含有"分立论"的主张，
如余能斌、马骏驹两先生在其主编的《现代民法学》中所阐述
的观点。他们认为："国有资产管理部门从性质上来说，应是一

---

〔3〕 参见寇志新："从民法理论谈国家所有权和企业经营权的关系及其模式设
想"，载《西北政法学院学报》1987 年第 3 期。

〔4〕 参见余能斌、马俊驹主编：《现代民法学》，武汉大学出版社 1995 年版，
第 178 页。

〔5〕 参见王利明：《国家所有权研究》，中国人民大学出版社 1991 年版，第
273～274 页。

个既能管理国有资产又能与企业处于平等法律地位的机构，并赋予其国有资产所有者的代表权、国有资产监督管理权、国家投资和收益权及资产处置权等，对国家来说，它是国有资产的代表，要对国有资产承担保值增值的责任；对企业来说，它应是与企业具有平等法律地位的经济实体，它与企业间的民事经济交往应通过协议、合同等民事方式进行。"〔6〕这就清楚地表明，他们主张建立的国有资产管理机构不是或不可能是原来意义上的政府行政机构。

那么，专司经管国有资产的机构或组织到底应不应该与政府部门相分离呢？笔者认为，不仅应该，而且必须。其原因从不同角度、不同侧面，可以说有千条万条，但最根本的一条：这是中国建立社会主义市场经济体制所要求的。

本来，国家作为特殊的民事主体参与民事关系的现象早在奴隶制和封建制时代就出现了，最初是发行公债，后来则发展到出售和拍卖国家所没收的财产。自资本主义生产方式产生，特别是进入垄断资本主义阶段之后，国家参与民事活动的范围不断扩大，并通过国有化在某些特殊的行业中形成国家垄断资本主义经营。但是，基本上，国家的民事活动和经营活动受到严格的限制，一般不进入竞争性行业从事经营活动。这就使得由政府代表国家行使国有财产所有权的问题不甚严重。另一方面，社会主义公有制经济建立之初，虽然国家全面垄断了几乎所有行业的经营活动，但由于当时实行计划经济管理体制，各企业的相互关系均由国家以计划形式加以安排，企业只是执行计划的工具。在这种情况下，由政府代表国家行使所有权乃至经营权不仅没有什么不妥，反而是顺理成章的事情。

然而，在社会主义市场经济条件下，公有制经济要在各个

〔6〕 参见余能斌、马俊驹主编：《现代民法学》，武汉大学出版社1995年版，第178~179页。

竞争性行业领域与其他所有制企业进行竞争。如果公有制企业（其典型形式是国有企业）没有所有者代表即所谓"所有者缺位"，或者这个代表由政府行政机构（如目前普遍设立的国有资产管理局、委、办等）充任，那么，由于行政机关工作人员对于国有企业的经营效果并不承担经济责任（即利益不相关），就仍然难免出现国有资产所有权的代表不尽职尽责以致国有资产为"内部人控制"而使国家资产受损的情况。也就是说，如果国有资产管理者和企业经营者都不能因企业经营得好而得到相应报偿，而经营不善时利益上不受损失或损失不大，他们就不仅不努力监管、经营好国有资产，反而很可能与其他人合谋侵害国有资产。如果说国家对其明显的侵害能够采取一定的法律措施（主要是公法手段，如刑法和行政法等）加以保护的话，那么，对于其以隐蔽方式或消极怠工造成的损害就无能为力了。所有这些，都会使国有企业在与非公有企业进行竞争时处于不利地位，哪怕国家有再好的设备、再多的人才、再充足的财力支持也无济于事！"家大业大，损失可怕。"推行市场经济体制以来，国有企业的经营效益大幅度下滑的情况从一个侧面说明了这一点。

当然，国企亏损或效率低的原因很多，而且搞得好的企业也确实有一些，但是从整体上来说，相对于私营企业而言效率低下的问题，确实在一定程度上反映出国有资产"所有者缺位"或国有资产所有权的代表者与国有资产保值增值"利益不相关"这一国有企业的根本缺陷。

正因为如此，要从根本上解决国有企业的亏损或效率低下问题，国有企业的所有者绝不能缺位，国有资产所有权的代表者绝不能由政府行政部门充任，一句话，除国家公产以外的经营性国家财产即国有资产（特别是竞争性行业的国有资产）的所有权，绝不能由与其经营效果"利益不相关"的政府行政官员们来行使。这就是司产与行政相分离的基本理由。

三、司产与行政分离的方法

确定了司产与行政相分离的方针之后，接下来要解决的就是怎样使二者相分离的问题，具体包括司产机构或组织的性质、名称、设立方法、运作机制以及所应具有的地位、职责及特点等方面。

关于性质问题，笔者认为，这一独立于各级政府行政部门的司产机构或组织应当或必须是一个独立的法人实体，而不能仍只是一个行政、半行政的机关部门或者有如解放前"国民政府资源委员会"那样的机构。前者如目前普遍设立的国有资产管理局（司）、委、办，后者如前述寇志新主张设立的"全民财产经营大会"以及吴敬琏主张设立的"公有资本经营委员会"等等，都不能达到司产与行政彻底分离的目的，因为它们都不是与政府行政机关相区别的独立法人（特殊私法人），不能以自己的法人财产独立承担民商事责任并享有相应的权利和利益。

至于这一法人的名称，可以进一步研究。见仁见智，一任各说。但笔者认为，一个较为理想的选择是启用"人民公社"这一称谓，只是不再是大跃进时代至文革末期那种意义上的"人民公社"（即"政社合一"的基层政权组织）。笔者建议使用"人民公社"作为社会主义市场经济条件下各竞争性行业中国家及地方、基层各级公有经济司产组织之名称的理由是：

第一，公社的"社"字表明，它是与一般公司企业不同的特殊社团法人组织，是一定范围内所有各公有企业的总老板，即高于各公有资本经营公司等控股实体的最后的组织依托。

第二，公社的"公"字，则表明它区别于资本主义私有经济的社会主义公有制性质。

第三，"人民"二字表明，它属于一定范围内的全体人民所有，如"中央人民公社"（简称"中央公社"）表明它是全国范围内全体人民的司产组织；各省、市、县人民公社（简称各省、市、县级公社）等，则表明它们是各该区域内全体人民的司产组织，等等。

如果司产组织的性质和名称能够确定下来，那么，其他的问题也都可以迎刃而解。比如，在组织机构方面，可以设想中央人民公社的董事会由全国人民代表大会选举产生，人数为全国人大代表的 1/10、1/20 或 1/30；中央人民公社的监事会由政协全国委员会选举产生，人数为全国政协委员的 1/10、1/20 或 1/30。公社董事会设董事长为公社的法定代表人，董事长由董事会成员互选产生；公社监事会设主席为召集人，由监事会成员互选产生。公社设理事会为执行机关，人数为董事会成员的 1/10。理事会设总理事为负责人，由董事长提名，并经董事会批准任命；其他理事由总理事提名，经董事会批准任命。理事会成员得兼任理事会所属各职能部门和（或）业务部门的主管。理事会所属各职能部门和（或）业务部门的主管由总理事提名，理事会讨论通过任命。监事会得弹劾任期中的董事会成员、理事会成员、理事会所属各职能部门和（或）业务部门的主管及其他工作人员。公社董事会和监事会可以每月举行例会一次，理事会则可每周举行例会一次，等等。

再如，在利益关系和奖惩机制方面，可以规定：公社的董事、理事和监事全部为专职人员，与理事会所属各职能部门和（或）业务部门的主管及一般工作人员一样，工资、奖金与所监管的国有企业资产收益率挂钩：若其所监管的所有竞争性行业之经营性国有资产平均的税后利润率等于或高于全国私营企业的平均水平，则奖；低于，则罚。对理事会成员（包括总理事）及所属各部门人员的奖罚由董事会决定，监事会监督，而由政府财政部门具体执行；对董事会成员的奖罚由全国人大决定，对监事会成员的奖罚由全国政协决定，分别由政府财政部门负责执行。由于当初建立国有企业的资金归根到底来源于国库即政府财政，中央公社每年的税后利润也应交给政府财政部门管理、使用。或者，更科学的办法是，将其一分为二：一部分交给财政；一部分留在公社，但都必须按照国家的法律规定用于全民福利或在依法划定的权限范围内进行再投资。

地方和基层各级公权力机关也可以照此设立同级司产组织，必要时稍加变通。但需要指出的是，中央、地方和基层各级人民公社之上、下级之间没有领导与被领导的行政隶属关系，而只有所代表的人民人数多少及地域范围大小之别。比如，县市级人民公社代表全县市人民行使本县市所创办的竞争性行业之企业公有资产的所有权；区乡镇人民公社则代表全区乡镇人民行使本区乡镇所创办的竞争性行业之企业公有资产的所有权；村级人民公社则代表全村人民行使本村村办企业公有资产的所有权（村级公社的董事会和监事会可由村民代表议事会选举产生）等等，相互之间都不应有垂直的行政隶属或领导关系。

这样，中央、地方和基层各级司产组织就都可以成为民法上独立的特殊私法人，或称公立私法人或准私法人。说它们是特殊的私法人，是因为它们并不是"私立的"，而是公立的；说它们是私法人，而不是公法人，是因为它们并不行使任何的公权力，而只是与其他私法人一样按照私法规范享有和行使私法权力及权利。

由此决定，分立出来的司产组织——人民公社对包括国有资产在内的公有资产的管理方法就将从根本上有别于过去沿用了四十多年的行政管理方法，就能真正做到政企分开、政资分开，使国有资产的运营真正按民商法等私法规范进行。

四、司产组织与国有企业的联结方法

司产组织与行政的分离，只是为建立国有资产良性运营机制奠立了一个初步的基础，并不等于整个改革任务的完成。相反地，如果没有与国有企业相联结的适当体制和机制，国有企业是仍旧搞不好的。

那么，司产组织与国有企业之间当怎样联结呢？

笔者认为，一个较好的办法是建立"上下分股信托经营制"。其内容有二：一是上下分股；二是信托经营。所谓上下分股，是指国有企业的股权之半数由中央人民公社持有，国有企业的股权之另一半按各省、市、自治区的人口多少分与各省、市、自治区人民公社持有。同样地，地方和基层各级公社所有的企业之股权也一半由自己持有，另一半则各按其下一级公社区域内的人口多少分与各下一级公社持有。此种作法在民法学上可以概括为"物权分与制"理论。所谓信托经营，是指中央、地方和基层各级公社并不直接经管所持的企业股权，而是将其委托给若干同级信托公司或信托部经管。信托公司或信托部由各级司产组织依法设立，但不是作为其附属机构，而是作为独立的企业法人设立的。信托公司和信托部等信托经营机构成立之后，即与司产组织处于平等的民事法律地位。各级公社可以将所持各企业的股权，有选择地交由一家或多家同级信托经营机构经管。各信托经营机构则根据所受托持有的企业股权向各国有及其他公有企业派出股权代表或股东，并依公司法之规定组成企业董事会。[7] 实行信托经营的必要性及好处在于：一方面，可以避免任何一级司产组织（人民公社）因属下的企业数量过多而管不过来的缺陷；另一方面，则可以使公有或国有的资本之运营更加企业化，因为信托公司与人民公社相比是更为普通的法人企业和更加典型的私法法人。

这样，独立司产组织就可以与国有企业的治理机构有机地联结起来。这一休制的一个显著优点：即使是国有独资企业或

---

〔7〕　参见余元洲："论信托经营制"，载《华东交通大学学报》1996 年增刊。但笔者在本文中对此的论述已有所发展。

其他独资创办的公有企业，也可以借此实现虚拟多元化，并依《公司法》之规定改组为虚拟的有限责任公司。比如，中央公社投资 2400 万元在某地建立一家国有企业，如果实行公司制的话，就属于国有独资公司，中央公社是其唯一的股东；即使将每万元投资当作一股看待，2400 股也都只由中央公社一家持有，没有实质意义。而且，根据"一人为私，二人为公"的古训，这种独资公司在运行机制上也是不可取的，因为由中央公社派去的国有股权代表与企业经营者合谋坑害国家的可能性远较多元股东组成董事会而侵害投资人权益的可能性为大。而根据"物权分与制"，仍假定 1 万元为 1 股，中央公社自己只掌握其中的一半即 1200 股；另外 1200 股按各省、市、自治区的人口多少"分与"全国 31 个省、市、自治区人民公社持有。这样，这家国有企业就有了中央公社及各省、市、自治区公社等 32 家股东。如果中央公社将自己的 1200 股交给两家信托公司经管，即委托这两家信托公司代表自己分别向这家国有企业各派去一个股权代表，各省、市、自治区公社则将其所持股权交由一家信托公司经管，这家国有企业就有总共 33 个股权代表。如果这些股权代表互选其中 1/3 的人为董事，则可组成 11 人的董事会来管理企业。这就一举实现了该国有企业股权的"虚拟多元化"，并使其具有了按照《公司法》规定正常运作的必要条件。

显然，由于实行的是虚拟的股权多元化，而不是真正的多元化，就可以避免国有及其他公有企业因强求合资及向非国有（或非公有）经济成分转让产权而造成资产流失，更不会因为一时没有合资或转让对象而坐失股权多元化的好处。总之，无论从哪方面讲，这一改革都是有益的。

第9篇　论特别求偿权

一、引言

广义的民事法律权利，人而言之，由基础权利及立丁其上的请求权利两部分构成。前者如人身权、财产权、知识产权和继承权等是，后者则包括直接请求权和间接请求权。所谓直接请求权，是指权利人直接向义务人提出请求的权利；所谓间接请求权，则是指的权利人通过行政或司法机关间接地向义务人提出请求，亦即，请求行政或司法机关责令义务人对权利人或权利人所指定的第三人履行其所承担的义务。在民法学界，人们一般将物权视为支配权而将债权视为请求权。事实上，尽管由于侵害物权会产生"侵权之债"因而物权相对于债权更为基础一些，但债权在性质上同物权一样也是基础权利，属于"命令权"或"要求权"，与物权的"支配权"性质类似，并不是什么请求权利。物上请求权和债上请求权才是真正的请求权利。基础权利当然是实体权利，但请求权利也并不就是非实体权利。无论罗马法还是现代民法中，不仅直接请求权是实体权利，而且间接请求权中向司法机关提起诉讼的权利即民事诉权，也只有当其进入程序法所规定的范围之内时，才是非实体性的诉讼权利。在法制史上，几乎各国都经历过从程序法与实体法合一到二者分离和分立的发展过程。但是，程序法中的诉诉权利与实体权利分离并取得独立地位，并不影响包括间接请求权在内的求偿权利作为实体权利的性质。因此，虽然诉权理论是诉讼法学中的一个基本的理论课题，我们仍可以将其撇开而仅从民法学上实体权利的角度来对求偿权利加以研究。而且，诉讼法上诉权理论的复杂性又非民法学者所能轻易理清的，如被告的应诉之权就是与原告的起诉之权完全不同的法律权利，因此，我们也只有将其撇开才能够集中力量从民法学的角度讨论本文提出的特别求偿权问题。

在民法学上，求偿权利的种类及分类方法颇多，但从权利人保护基础权利的角度看主要有三种：一是提起确认之诉的权利；二是提起给付之诉的权利；三是提起形成之诉的权利。求偿权，就其狭义来讲，是指提起给付之诉的权利，如请求法院判令非法占有人返还财物、责令侵权人赔偿损失的权利，等等。然就广义来说，求偿权也可包括提起确认之诉和形成之诉的权利，前者如某一财产被他人据为己有时请求法院确认其产权归己的权利，后者如请求变更、解除或撤销显失公平的合同或其他法律行为的权利等。

本文关于特别求偿权的讨论，将主要在上述广义求偿权概念的基础上进行。

二、特别求偿权的概念和特点

那么，什么是特别求偿权呢？

所谓特别求偿权，是指由法律特别授予的不同于普通求偿权的特殊求偿权利。但这里所说的"法律"，就目前的情况来说，尚不是指现实中已经存在的实在法，而是指应当制定而尚未制定的应然法。

我们知道，普通求偿权的特点是以自己一定的基础权利的存在为前提的。比如，当一个人的人身权利或财产权利被侵害时，就产生了依法求偿的权利。若无此种人身权利或财产权利的存在，就不可能有此种求偿权利。但特别求偿权就不同了。其特别之处在于，不以属于自己的基础权利的存在和被侵害为前提。比如，一个人提起特别求偿之诉，可能是以他人的合法权利被侵害为理由。由于民法的一般宗旨是保障各民事主体自己的权利，所以，当一个人自己的基础权利未受侵害而竟然能够依法提起求偿之诉，这当然就有点特别了。

与其类似，特别求偿权也可以是指当一个集体共同的财产权利被侵害时，这个集体的某一成员以此为据向法院提起求偿之诉的权利。由于一个集体作为法人实体其民事法律权利通常是由这个法人实体的法定代表人或其他业经授权的法人代表来行使的，所以，当这个集体的某一普通成员未经授权即直接以法律的特别规定为依据提起求偿之诉时，当然也就显得特别了。

三、特别求偿权的适用范围及必要性

特别求偿权的适用范围限于公有资产，即经营性的公共财产。非经营性的国家公产、集体公产以及私有财产原则上应不予适用，也没有必要借助此种权利来加以保护。这是因为：

第一，由国家立法、行政和司法机关拥有的国家公产是非经营性的，一般以静态形式存在并发挥作用，处于相对安全的环境之中，被侵吞或侵害的可能性和风险较小；村（居）民委员会等具有准政权性质的基层人民自治机关所拥有的非经营性集体公产，其性质及所处的情况也大体相同。

第二，这些非经营的国家公产和集体公产，相对来说，直接暴露在各级人民代表大会代表和广大人民群众的监督之下，较易于受到公法如刑法和行政法等的保护。

第三，私有财产，无论其直接为居民个人所有还是为企业法人所有，由于对它的侵害直接损及所有者及其代表人的利益，关乎其痛痒，因而，必会有人站出来请求赔偿或者诉诸法律（主要是私法）加以保护。

但是，经营性的公共财产即公有资产（包括国家资产和集体资产，又称国家私产和集体私产）所处的情况和境遇就完全不同了：

首先，由于是经营性的财产，公有资产经常处于相对来说复杂得多也频繁得多的流转之中，极易为不法分子所隐藏和侵吞，受侵害的危险很大。

其次，国有企业和集体企业的数量众多、资金规模庞大，虽与企业员工及广大民众的工作、生活息息相关，但其使用、操作、经营和运转一般为少数决策者所掌握，在实际上很难受到普通民众及时、有效的监督。

最后，更重要的是，对于企业经营者、政府主管领导以至广大干部和群众来说，公有资产受侵害不像私有财产受侵害那样给自己造成直接的利益损失，不关乎其痛痒，因而没有或没有足够大的利益动机和动力促其付出千辛万苦的努力去保护它免受侵害。加上我国公法上的民主法制不健全，即使有一些关心和维护公有资产的人想援用法律规定来保护公有资产免遭侵害或依法行使法律赋予的监督职权的话，在许多情况下不仅得不到应有的奖赏作为报偿，反而还可能受到不法分子的报复和打击。

所有这些因素合起来，致使出现许多公有资产受侵害却往往无人依法提出赔偿请求或及时向法院提起求偿之诉的情况。给国家和集体财产造成的损失，数量之大，触目惊心；事例之多，不胜枚举。全国上下的有识之士，无不为之痛心疾首！看来，王利明和孟勤国同志在他们的著作和文章中关于利用民法手段保护国家财产和国家所有权所说的话，确实是有点理想化了，或至少没有看到公有资产民法保护的特殊困难，没有切中问题的要害并给出有效的对策。[1]

综上所述，很显然，在民事立法中确立特别求偿权制度以

〔1〕 参见王利明：《国家所有权研究》，中国人民大学出版社1991年版，第295～309页；孟勤国："论国家财产的民法保护"，载刘晓星、伍再阳、赵旭东等：《民法硕士论文集》，群众出版社1988年版，第257页。

为国家和集体资产提供特殊的保护办法，是十分必要的。否则，国有企业建立现代企业制度过程中及建立起来以后，国有资产被不法分子侵吞和侵害的情况仍将难以遏止，城乡集体企业的资产在事实上变为少数人私有资产或由少数人非为集体利益而仅为自己的利益加以占有的情况也将难以有效地避免。

四、特别求偿权的类别和内容

所谓的特别求偿权，从其特异性的角度可以分为"有因求偿权"和"无因求偿权"两种，而从其权利性质及归属的角度，又可以分为"特别求偿之诉之权"和"特别求偿之债之权"两种。因此，将两种划分方法交叉使用，就可以得到以下四种特别求偿权，即：①有因求偿诉权；②无因求偿诉权；③有因求偿债权；④无因求偿债权。

这里，所谓"有因求偿"，笔者指的是这样一种情况，即提出侵害人应对公有资产所受侵害给予赔偿之请求者本人为财产权利受侵害的命运共同体（如国家、集体、其他组织或群体等）的成员；而所谓"无因求偿"，笔者指的则是另一种情况，即提出赔偿请求者本人不是财产权利受侵害的命运共同体的成员。因此，所谓"有因求偿"，亦可称之为"有关求偿"；而与其相对应的"无因求偿"，则可称之为"无关求偿"，与民法中现有的"无因管理"概念不尽相同。

当一个人是某一命运共同体的一员而这个共同体的财产权利受到不法侵害时，应当说，他是有权利为这个共同体，同时也兼为他自己的利益，提出赔偿请求的。虽然我们国家的法律对此尚无明确的规定，但这种"有因求偿"制度在应然法上合乎于"道"是显而易见的，因而其建立具有一定的必要性和必然性，考虑到我国实行公有制市场经济的特殊国情就更是如此了。

这里，为了便于国人在此问题上形成必要的共识，笔者仅根据现有的材料和线索援引两个不一定确切的例证提供给读者诸君思考和参考：

其一，冯果在他论述国有企业"内部人控制"现象及其法律对策的文章中提到，"完善的诉讼救济制度是有效遏止经营权滥用的重要保证。从国外立法实践来看，董事、经理等经营人员的责任追究制度主要包括公司自行追诉和股东代表诉讼两种基本制度"[2] 其二，德国著名比较法学家康拉德·茨威格特和海因·克茨在其比较法著作中所提及的美国的"集团诉讼"制度。[3] 虽然这两种制度并不等同于我所说的有因求偿制度，但确确实实可以给我们一些有益的启示。

至于无因求偿制度，与有因求偿相比而言，其理由或根据似乎弱一些。但从保护公有资产不受侵害的角度看，其必要性、合理性及现实意义丝毫不逊于前者。在罗马法中，也有一些现代民法视为私权而当时却视为公权的情况，如监护人失职，无论何人均可起诉。[4] 这大概可以看做一种"无因诉权"吧？

　　[本文完成之后，笔者看到了海南省人民检察院检察长秦醒民主编、法律出版社出版的一本题为《国有资产法律保护》的书。在该书第145～146页，作者两次提到通过立法授权普通民众对侵害国有资产者提起民事以至刑事诉讼的权利。这与本文所说的"特别求偿权制度"可谓"不谋而合"、"所见略同"。不同的只是，笔者认为，特别求偿权只能是一种依法确定的特别的私法权利，而不能与公法权力相混淆。追究侵害人刑事责任的权力还是以国家司法（检察）机关来行使为好。至于普通民众，在这方

---

　　〔2〕 参见冯果："浅析经济转轨过程中的'内部人控制'现象及其法律对策"，载《法学评论》1996年第6期。

　　〔3〕 参见［德］K·茨威格特、H·克茨：《比较法总论》，潘汉典等译，贵州人民出版社1992年版，第29～31页；H·克茨："公共利益诉讼：比较法的考察"，载卡佩莱蒂主编：《司法解决和福利国家》，刘俊祥等译，法律出版社1981年版，第85页。

　　〔4〕 周枏：《罗马法原论》（上），商务印书馆1994年版，第249页。

面只能通过向有关方面进行举报发挥作用。不过，一旦有了特别求偿权制度，多数人首先考虑的将是由自己并在必要时借助律师向法院提起特别求偿之诉，因为这会给他们自己带来利益上的好处。另外，笔者认为，特别求偿权制度应建立在"一事不二诉"、"先诉后不诉"、"公诉私不诉"、"私诉公不诉"等项原则基础之上。这里，所谓"私诉公不诉"的意思是，一旦有人对公有资产侵害人提起特别求偿之诉之后，如果胜诉的话，检察机关即不得再就同一事项提起公诉。换句话说，侵害人一旦按私法规范做了赔偿，即可同时免却刑事责任。这表面上看似乎是保护了大量的经济犯罪分子不受刑事处罚，实际上则是既挽救了侵害人（即经济犯罪嫌疑人），又可大量地为国家和集体挽回损失，利大于弊是显而易见的。更重要的是，特别求偿权制度一旦确立，即可使我国的公有资产处于亿万人民出于自利动机而自觉行动的监督和保护之下，这对于那些想加以侵害的人来说实为一种比刑事审判更为有效的遏止力量。试想一下，假如我们的《消费者权益法》将商家对于顾客购买假冒伪劣商品的赔偿金额由原来的 2 倍改为 10 倍的话，全国就将会有更多的"王海"以"打假"为业，其最终结果必然是"无假可打"。这是有百利而无一害的事情。不知立法机关何乐而不为？同样道理，如果我们建立起特别求偿权制度，而这个制度又确实可使掌握了某人侵害公有资产之充分证据的人们从提起特别求偿之诉中获得可观收益的话，侵害公有资产的事件必会大幅度下降。这比刑法的威力不知要大多少倍！这又是有百利而无一害的事情。作为主权者的全国人民代表大会又何乐而不为呢？最后，还有一点，"私诉公不诉"一旦作为特别求偿权制度的一项原则在法律上得到确认，那么，提起特别求偿之诉并获得胜诉，实际上是对公产侵害人的一种帮助，即将其从犯罪的深渊中解救出来而免受刑事处罚。这样，就有利于减弱其事后对起诉人的怀恨和报复心理，甚至转而感激起诉人。这又反过来有利于人们消除顾虑，积极起诉。总之，通过特别立法授予人民以特别求偿权并确立"私诉公不诉"的原则，是于国、于民、于公产侵害人和特别求偿人等方方面面都有好处的。既然如此，我们又有什么好为难的呢？至于特别求偿权制度建立过程中可能出现的一些技术问题，则更是不难解决。]

下面，我们将对特别求偿之诉和特别求偿之债的有关问题分别加以讨论。

五、特别求偿之诉

由有因求偿权和无因求偿权构成的特别求偿权，按理说，既然也是一种法定的权利，就应当能够据此直接向侵害人提出赔偿请求。但是由于这种求偿权与普通的请求权相比甚为特殊，即求偿人是并无实体权利或至少不能单独拥有和行使实体权利者，因此，不经依法提起诉讼侵害人就心甘情愿履行其赔偿义务的可能性极小。另一方面，更重要的是，由于有因求偿人只是财产权利受侵害的共同体的一员，而无因求偿人连其一员都不是，这样，如果法律允许求偿人直接向侵害人请求赔偿的话，求偿人就不一定会依法为财产权利受侵害的共同体的利益请求赔偿以挽回其损失，而是很可能置该共同体的利益于不顾而仅为自己的利益与侵害人进行非法的秘密交易。这就与设立此种求偿权的立法目的背道而驰。因此，应在规定特别求偿权的同时，明令禁止求偿人直接向侵害人请求赔偿。

这样，提起特别求偿之诉就是依法行使特别求偿权的唯一可行方式。

但是，提起特别求偿之诉还必须具备一定的条件、符合一定的要求，具体包括：第一，起诉人必须掌握有充分的或足够的或至少是一定的证据，这是前提性的条件；第二，特别求偿人只能在财产权利受侵害的共同体或其所属的具体受侵害企业未以法人名义提出赔偿请求之前向有管辖权的法院提起诉讼。

此外，提起和受理特别求偿之诉都还要遵循其他一些特别规定，比如：当有两个或两个以上的人就同一事项提起特别求偿之诉时，一般情况下法院应按"一事不二诉"和"先诉后不诉"的原则决定其受理，但被告不提出异议或提不出可信证明的除外；当两人或两人以上就同一事项同时提起诉讼时，如果他们能够达成协议以同一原告的名义起诉的话，法院得将其视为共同起诉人；当两人或两人以上先后就同一事项提起诉讼时，如果后起诉者掌握有最先起诉人所未掌握的证据，后起诉者得以辅助起诉人的身份参加诉讼，如此等等。

总之，一旦法律就特别求偿之诉之权作出规定，则不仅我国公民，而且就无因求偿来说甚至世界其他国家的人民，当发现我国国家或集体的公有资产受到不法侵害时，不管此种侵害来自何处、发生在何地及侵害人是谁，只要掌握有一定的证据并且受侵害者自己尚未以法人名义提出赔偿请求的话，就可以依法向有管辖权的法院提起诉讼，诉请法院判令被告对财产权利受侵害的共同体或其所属的具体受侵害企业停止侵害、排除妨害、消除危险、返还财产、恢复原状、赔偿损失和（或）实际履行其所承担的其他法定义务。

可以相信，这一制度一旦建立并在实践中得到完善，对于我国公有制经济的健康发展是一定会大有裨益的。

六、特别求偿之债

提起特别求偿之诉是一种法律行为。由于这种行为，在求偿人（起诉人）与受害人（即财产权利受侵害的共同体或其所属的具体受侵害企业）之间便产生了特别求偿之债，即一种特殊的权利义务关系：由提起无因求偿之诉而产生的权利义务关系是"无因求偿之债"，由提起有因求偿之诉而产生的权利义务关系是"有因求偿之债"。其共同的内容是：起诉人有义务请求法院责令被告将损害赔偿金或其他得益直接给付受害人，而一旦胜诉的话，受害人（即受偿者）就有义务按照法律的规定向起诉人支付求偿酬金。

但是，提起有因求偿之诉的酬金与提起无因求偿之诉的酬金应当有所区别，因为有因求偿者是财产受侵害的共同体的一员而无因求偿者与财产受侵害的共同体无归属关系。不仅如此，更重要的是，由于所有的无因求偿者与受侵害者的关系都是一样的，而各种有因求偿者与财产权利受侵害的共同体的关系则是千差万别的，因此，各种各样的有因求偿者所应得到的求偿酬金也将因为此种关系的不同而有所不同。

还要顺便指出的是，与一般的债权与诉权的关系不同，特别求偿的诉权与债权的关系不是诉权依赖于债权，而是相反地，债权依赖于诉权。更确切地说，这里有三个层级的权利：首先是依法提起特别求偿之诉的诉权；然后是因此种诉权的行使而产生的向胜诉受害人索取求偿酬金的债权；最后是如果胜诉受害人受偿之后拒绝支付此种酬金的话，再依法对胜诉受害人提起追讨酬金的诉权。这也算是特别求偿权的一个特异之处吧。总之，"特别求偿权"无论在民法还是民事诉讼法的制度和理论上都是一个新概念和新事物。其由应然法变为实在法上的规定即现实的法律制度，还有一段相当长的距离。如果本文能使读者诸君对此有一个初步的印象，笔者也就很感欣慰了。

附录：《中华人民共和国保护国有集体资产民事特别法》（立法建议案）

中华人民共和国
保护国有集体资产民事特别法

第一章　总　则

第一条　为了确保国有和集体财产在民事流转过程中实际得到与私有财产同样有效的法律保护，改善国有和集体企业的经营机制，保持多种所有制经济成分长期共存、良性竞争，维护市场经济的正常秩序，保留社会弱势群体赖以保障权益的根基，以利于建设和谐社会，根据《中华人民共和国宪法》关于保护公有财产的规定，考虑到公有财产与社会公众个人利益不直接相关或相关度不高的现实情况，制定本特别法。

第二条　定义：本法所称"财产"，包括经营性财产和非经营性财产；本法所称"资产"，指经营性财产。

本法所称"国有企业"，为原由政府管理的全民所有制企业及改组后的全国性公有企业，包括银行及非银行金融机构（下同）；本法所称"公有企业"，包括由原国有企业改组而成的全国性公有企业及依本法规定投资兴办的地方性公有企业和基层公有企业；本法所称"集体企业"，指基层公有企业。

公有企业的资产于民事流转中适用民商私法规范。

第三条　社会主义公有财产神圣不可侵犯。违者，除另依刑法追究责任外，依照本法规定承担民事责任。本法另有不同规定的，得依其规定。

第四条 国家保护公民的合法财产不受侵犯，依法征用的应足额补偿。但侵吞国有和（或）集体财产而化公为私的，不在此限。构成犯罪的，另依刑法论处。本法另有不同规定的，得依其规定。

第五条 国家保护善意第三人的善意取得。但受让时知道或应当知道转让者所转让的是其所侵吞的国有和（或）集体财产的，不在此限。涉及洗钱的，另依刑法论处。本法另有不同规定的，得依其规定。

第二章　司产与行政分离制度

第六条 国家实行司产与行政分离制度。

国家设中央、地方和基层各级人民公社（简称公社）专司公有资产所有权人代表的职能。

各级人民公社为独立于政府行政机关的公立私法人，其组织除本法规定外另由《中华人民共和国中央、地方和基层人民公社组织法》规定。

第七条 中央人民公社设董事会为决策机关，由全国人民代表大会选举人数为全国人大代表总数十分之一的董事组成，董事长由董事互选产生。

中央人民公社设理事会为执行机关，理事人数为董事会成员人数的十分之一；总理事由董事长提名，经董事会批准任职；其他理事由总理事提名，经董事会批准任命；理事会所属各职能部和业务部主管由总理事提名，理事会讨论通过后任命；理事会理事得兼任各职能部或业务部主管。

中央人民公社设监事会为监督机关，由中国人民政治协商会议全国委员会选举人数为全国政协委员总数十分之一的监事组成，主席由监事互选产生。监事会有权弹劾任期中的董事会成员、理事会成员、理事会所属各职能部和业务部主管及其他工作人员。

地方各级人民公社和基层人民公社依照中央人民公社设立的原则和办法设立，必要时得变通之。

各级人民公社每年税后利润的百分之五十缴纳给同级人民政府财政部门，其余部分留在各级人民公社财务部，但二者都必须依法用于公共目的或在法律划定的权限范围内进行再投资。由政府投资兴建的经营性项目应依法转由人民公社接管，依具体情况成立独立的企业法人或并入现存的企业运营。

第八条　公有企业的资产属于人民。

人民为公有资产的信托人，各级公社为受托人即信托所有人，公有企业的资产为信托资产。此种信托关系为组织性信托。

中央人民公社投资兴办的企业，其资产为全国人民所有，地方各级人民公社投资兴办的企业，其资产为区域内全体人民所有，并通过组织性信托转归相应的公社所有。

国有企业改组后视同由中央公社投资兴办的全国性公有企业，其组织性信托的所有权依本法之规定由中央公社和地方最高一级各公社分股行使。原国有中小企业分配给地方公社或由地方公社按竞争价格购买的，视同地方公社投资兴办的企业，其组织性信托的所有权由有权分得或出资购买的公社与其区域内下一级各公社依本法之规定分股行使。

第九条　中央和地方各级公社得依本法之规定将受托资产所有权再通过业务性信托转给信托公司等信托经营机构经管。

组织性信托的关系，依本法的规定成立；业务性信托的关系，除本法规定外由信托人与受托人以协议确立。

第三章　企业制度与治理结构

第十条　公有企业实行现代企业制度。

除另有规定外，公有独资企业亦应采用有限责任公司形式。

第十一条　公有企业设股权代表会或股东会为最高决策机关，并设董事会为其执行机关和常务决策机关。董事会由股权代表会或股东会从股权代表或股东中互选产生。

除本法另有规定外，公有企业董事会和股东会（即股权代表会）行使公司法规定的权力和权利。

董事长为企业的法定代表人。

第十二条 公有企业设职工会或职工代表会为监督机关，并设监事会为其常务机关，由职工会或职工代表会选举产生。

公有企业监事会以全票通过决议，得推翻董事会的决议或决定；公有企业股东会或股权代表会以全票通过决议，得推翻监事会的决议或决定；公有企业职工会或职工代表会以全票通过决议，得推翻股东会或股权代表会的决议或决定。

公有企业股东会或股权代表会如对职工会或职工代表会推翻其决议或决定的决议不服，得以三分之二多数票做出决议，责成董事会请求有管辖权的人民法院裁决。

第十三条 公有企业董事会得聘请总经理负责企业的日常经营管理工作。

总经理得依董事长之授权代行其部分职权。

第十四条 《中华人民共和国公司法》的有关规定，凡与本法不相抵触者，得适用之。

第四章　虚拟多元化与信托经营

第十五条 公有独资企业实行虚拟多元化和信托经营。

公有独资企业通过"物权分与制"实行上下分股，实现虚拟多元化。

第十六条 中央公社投资兴办的公有独资企业，百分之五十的股权为中央公社持有，百分之五十的股权按各省、自治区、直辖市的人口多少"分与"各省、自治区和直辖市公社持有。

地方各级公社投资兴办的公有独资企业，百分之五十的股权为本级公社持有，百分之五十的股权按各下一级公社区域内的人口多少"分与"各下一级公社持有。

城乡基层公社投资兴办的公有独资企业，百分之五十的股权为本级公社持有，百分之五十的股权按各村（居）民委员会所辖人口多少"分与"各村（居）民委员会持有。

第十七条　国有企业通过改由人民公社行使所有权及信托经营制实现政企分开和政资分开，并由此进入私法领域。

中央和地方各级人民公社根据需要设立若干国有资产信托经营公司（简称信托公司，下同），作为本级公社所持股权的受托经营者。各信托公司的董事会成员由同级人民公社的董事会选举产生，董事长由各该董事会成员互选产生；总经理由董事会决定聘任；监事会成员由同级人民公社的监事会选举产生，监事会主席由各该监事会成员互选产生；监事会有权弹劾任期中的总经理和董事会成员。信托公司一经设立，即为独立于公社的企业法人。信托公司得以受托持有的股权为依据，向公有企业派出股权代表或股东，进入企业的治理结构。

城乡基层公社及村（居）民委员会，应根据需要自主决定成立信托公司或信托部作为基层政府或村（居）民委员会所持股权的信托经营者，或直接以个人为受托人，将所持股权交由选定的受托人，令其为持股企业之股权代表或股东，进入企业的治理结构。

凡成立有若干信托公司或信托部的，公社作为信托人有权选择任何一家信托公司或信托部作为受托人，但应尽量将自己所持任何一家企业的股权分别交由不同的信托公司或信托部受托经管；直接以个人为受托人的，也应尽量将同一企业的股权分别交由不同的个人受托经管，并按照公开、平等、竞争、择优的原则选好受托人。

第十八条　本法第十七条规定的信托关系为自益信托。

《中华人民共和国信托法》的有关规定，凡与本法不相抵触者，得适用之。

第五章 内部监督与奖惩制度

第十九条 对公有企业总经理之奖惩，除本法另有规定外由董事会全权决定。

对总经理以下其他管理人员及普通职工之监督与奖惩，由总经理亲自决定并实施，或授权其所领导的管理人员决定并实施。

对董事会成员的监督与奖惩，由股东会或股权代表会负责。

对监事会成员的监督与奖惩，由职工会或职工代表会决定。

第二十条 公有企业股东会或股权代表会以及监事会和职工会或职工代表会有权弹劾总经理及董事会组成人员。

第二十一条 对信托公司或信托部所委派的股权代表或股东的监督与奖惩，由信托公司或信托部负责。

对信托公司或信托部及个人直接作为信托人的股权代表或股东的监督与奖惩，由信托人即各级公社依本法第二十二条规定实施之。

第二十二条 兹设定受托人的信托佣金计算公式如下：

$$Y = Di - C\,(1+j)^{n-1}j.\ k\ (n=1,2,3,\ldots;\ 0.1 \geqslant i \geqslant k \geqslant 0.0001;\ j \geqslant 0.05)$$

其中，Y 代表信托佣金；D 代表受托人持股企业每年向信托人（受益人）派发的股息和红利；i 代表股息和红利中应支付给受托人部分的比例；C 代表受托人所持的企业股本；j 代表市场经济条件下固定资产贷款的年利息率；n 代表年份；k 代表受托人所持的企业股本与固定资产贷款利率乘积得数中应由受托人承担部分的比例；$C\,(1+j)$ 是复利公式，意在使公有资本保值、增值，并在此基础上索取利息、股息和红利回报。

Y 可以为负值。

第二十三条 本法第二十二条所规定的 i 和 k 两系数，对于新建及改制之初由于历史原因尚有经营困难的企业与正常营运中的企业应有不同，对于受托经管的上级公社股权代表与下级公社股权代表也可以有所不同。

第二十四条　信托公司对内部管理人员及外派到企业担任股权代表或股东者，实行按劳分配和论功行赏制度。

信托公司或信托部按本法第二十二条和第二十三条规定所得之信托佣金，应有一部分直接划归股权代表或股东个人作为奖惩，此一比例应不超过百分之五十。

除本条第二款规定之奖惩外，股权代表或股东有权从信托公司或信托部领取工资或年薪。

第二十五条　本法第二十二条和第二十三条规定之 i 和 k 两系数之具体数额，应分别写入每一公有企业的公司章程。

第二十六条　对各级人民公社的奖惩体制及办法，除本法规定外可另由《中华人民共和国中央、地方和基层人民公社组织法》具体规定。

第二十七条　中央人民公社经管的国有企业资产（即经营性国家财产）的税后利润率如高于或等于全国各非国有企业的平均税后利润率，由全国人大做出决议或决定对中央公社的董事会、监事会、理事会及所属各职能部和业务部人员各根据其贡献大小给以奖励；如低于，则各根据其责任大小给以处罚。奖惩决议或决定由中央人民政府财政部门负责执行。

地方和基层各人民公社经管的公有企业资产的税后利润率如高于或等于本区域内非公有企业的平均税后利润率，由同级人大比照上款规定做出决议或决定给以奖励；如低于，则给以处罚。奖惩决议或决定由同级人民政府财政部门负责执行。

第六章　特别求偿权制度

第二十八条　兹设立特别求偿权制度，对公有资产提供特殊的私法保护。

第二十九条　本法认定：凡中华人民共和国公民皆为中华

人民共和国中央人民公社的社员；凡各省、自治区、直辖市辖区内的中华人民共和国公民皆为各省、自治区和直辖市人民公社的社员，凡各州、市、县、区、乡、镇、村辖区内的中华人民共和国公民皆分别为各该公社的社员。

第三十条 社员对于本公社或其兴办的企业（包括信托经营机构在内，下同）的资产遭受不法侵害而掌握有证据时，在公社或其兴办的企业以法人名义提起求偿诉讼之前有权提起"有因求偿"之诉，请求法院判令被告对受害人（即资产受侵害的公社或其兴办的企业）停止侵害、排除妨害、消除危险、返还财产、恢复原状、赔偿损失。

不是某公社社员的人，对于该公社或其兴办的企业的资产遭受不法侵害而掌握有证据时，在该公社或其兴办的企业以法人名义提起求偿诉讼之前有权提起"无因求偿"之诉，请求法院判令被告对受害人（即资产受侵害的公社或其兴办的企业）停止侵害、排除妨害、消除危险、返还财产、恢复原状、赔偿损失。

不是中华人民共和国公民的人，对于中华人民共和国各级人民公社或其兴办的企业的资产遭受不法侵害而掌握有证据时，在中国各级人民公社或其兴办的企业以法人名义提起诉讼之前有权比照上款规定提起"无因求偿"之诉。

台湾、香港和澳门同胞，对于中华人民共和国各级人民公社的公有资产遭受不法侵害而掌握有证据时，在各级人民公社或其兴办的企业以法人名义提起诉讼之前有权提起"特别有因求偿"之诉。"特别有因求偿"之诉的求偿酬金标准与"无因求偿"之诉的求偿酬金标准相同，其他方面适用"有因求偿"之诉的有关规定。

第三十一条 本法确认特别求偿权制度适用"公诉私不诉"和"私诉公不诉"的原则。本法第三十条规定的特别求偿权只能在检察机关尚未依法对公产侵害人提起公诉的情况下有效；

而一旦公产侵害人依私法规范在特别求偿诉讼中败诉并承担和履行了赔偿义务，即可免除公法责任。

第三十二条　法院对依本法规定提起"无因求偿"之诉、"有因求偿"之诉及"特别有因求偿"之诉的案件，如有两个或两个以上的原告就同一事项提起诉讼，应适用"一事不二诉"和"先诉后不诉"的原则，但本法另有规定及被告不提抗辩或未向法院提出可信证明的除外。

两人或两人以上同时就同一事项向同一法院提起诉讼者，如果他们能达成协议并以同一原告的名义起诉，法院得将其视为共同起诉人。共同起诉人胜诉后所得求偿酬金应在各共同起诉人之间平均分配；但各共同起诉人之间另有约定的，得依其约定。

第三十三条　两人或两人以上就同一事项向同一法院提起诉讼而有起诉时间先后之分的，如果后起诉者掌握有最先起诉人所未掌握的证据，后起诉者得以辅助起诉人的身份参与起诉。胜诉后求偿酬金的分配比例及办法，如最先起诉人与辅助起诉人之间订有协议，应依其协议；没有协议的，由法院决定其分配比例，但最先起诉人所得部分应当多于辅助起诉人所得部分。

第三十四条　"无因求偿"之诉的起诉人与受害人之间因此诉的提起产生"无因求偿"之债。起诉人有义务请求法院判令被告将损害赔偿金和（或）其他求偿得益直接给付受害人，如胜诉，则受害人即有义务按照本法的规定向起诉人支付求偿酬金。

第三十五条　"有因求偿"之诉的起诉人与受害人之间因此诉的提起产生"有因求偿"之债。起诉人有义务请求法院判令被告将损害赔偿金和（或）其他求偿得益直接给付受害人，如胜诉，则受害人即有义务按照本法的规定向起诉人支付求偿酬金。

第三十六条　"无因求偿"之诉和"有因求偿"之诉的求

偿酬金依法从胜诉后受害人所得损害赔偿金和（或）其他得益相当价值之总额中按一定的比例和方法提取。

第三十七条　依照本法第三十六条规定应当提取的"无因求偿"之诉求偿酬金的比例及计算方法如下：

如受害人所得损害赔偿金和（或）其他得益相当价值之总额为一万元（人民币）以下，提取给起诉人的求偿酬金应占比例为百分之五十；如损害赔偿金和（或）其他得益相当价值之总额为一万元以上，则其于一万元以下部分的提取比例为百分之五十，一至三万元部分的提取比例为百分之四十，三至五万元部分为百分之三十，五至十万元部分为百分之二十，十至二十万元部分为百分之十，二十至三十万元部分为百分之八，三十至五十万元部分为百分之五，五十至八十万元部分为百分之三，八十至一百万元部分为百分之二，一百万元以上部分为百分之一。

按上款规定计算，则当受害人所得损害赔偿金和（或）其他得益相当价值之总额为一万元时，起诉人应得求偿酬金为五千元；当前者为三万元时，后者应为一万三千元；前者为五万元时，后者为一万九千元；前者为十万元时，后者为两万九千元；前者为二十万元时，后者为三万九千元；前者为三十万元时，后者为四万七千元；前者为五十万元时，后者为五万七千元；前者为八十万元时，后者为六万六千元；前者为一百万元时，后者为七万元；前者为一百万元以上时，后者为七万元另加前者超出一百万元以上部分之百分之一。

第三十八条　普通社员提起"有因求偿"之诉胜诉后应得求偿酬金的提取标准，为提起"无因求偿"之诉胜诉后应得求偿酬金提取标准的百分之九十；身为资产受侵害公社所兴办企业（包括信托经营机构，下同）之员工的，其"有因求偿"之诉应得求偿酬金提取标准为"无因求偿"之诉应得求偿酬金提取标准的百分之八十；身为资产受侵害公社的同级人民代表大会的代表或公社兴办企业之股权代表的，其求偿酬金提取标准为"无因求偿"酬金标准的百分之七十；身为资产受侵害公社或其兴办企业的监事的，其求偿酬金提取标准为"无因求偿"酬金标准的百分之六十；身为资产受侵害公社或其兴办企业的董事的，其求偿酬金提取标准为"无因求偿"酬金标准的百分之五十。

身为资产受侵害公社或其兴办企业的监事会主席、董事长、公社理事会总理事及理事会所属业务部主管和企业总经理等人无权提起"有因求偿"之诉和获得求偿酬金。相反，应对公社或其兴办的企业的资产受侵害事件依法承担连带民事责任；被发现有串通合谋证据者，还必须依法追究其公法（刑法和行政法）上的责任。

第三十九条　除另有规定外，"无因求偿"之诉和"有因求偿"之诉案件的诉讼费由败诉的一方承担。

第四十条　"无因求偿"之诉和"有因求偿"之诉案件的起诉人如聘请律师协助诉讼或委托其代理诉讼，则律师费应分两部分支付：基础部分为按诉讼标的金额计算之可期望求偿酬金的百分之十，此部分费用的支付不以胜诉为条件；奖励部分为起诉人实际所得求偿酬金的百分之十，此部分以胜诉为支付条件。但如果法律法规另有规定或者起诉人与律师事务所之间另有约定的，也可按其规定或约定执行。

第七章　附　则

第四十一条　本法原则上无溯及力，但依第六章规定提起"无因求偿"之诉和"有因求偿"之诉的案件，除另有规定外，可以追溯到 1987 年 1 月 1 日，即《中华人民共和国民法通则》的生效施行日。

第四十二条　本法第四十一条规定的追溯对象不包括中国人民解放军指战员、武警官兵、公安干警、法官、检察官以及历届全国人民代表大会的代表。

  第四十三条 本法生效前制定的法律、法规，凡与本法规定有抵触者，自本法生效施行之日起自动失效，其与本法不相抵触的部分得继续有效。

  第四十四条 本法由全国人民代表大会全体会议以三分之二多数票通过，自公布之日起施行。

  第四十五条 民法典或先期制定的民法总则、物权、债和继承等篇，不得与本法抵触。违者，自始无效，但不妨碍整个法律文件正常生效，亦不妨碍与其不相抵触的规定正常施行。

第三部分　宪法革命论

第 10 篇　论宪法革命

一、宪法革命的法理基础

宪法是什么？从逻辑上说，宪法是法律的一种，具有法律的一般特征。因此，要搞清宪法的概念，首先要对法律的一般概念加以探究。

然而，关于"什么是法律"的问题，正如本世纪英国语义分析法学家哈特所说，是一个使法学理论甚感"困惑"的"经久不绝的问题"。[1]

在中国和前苏联，关于法的概念，通常的定义中往往突出两点：其一，法是经济上占统治地位的阶级的意志的反映；其二，法是上升为国家法律的阶级意志，即由国家政权制定颁布的具有强制效力的行为规范，等等。[2]

应该承认，这是经典的马克思主义的法律概念，但有一个

---

〔1〕 ［英］哈特：《法律的概念》，张文显等译，中国大百科全书出版社 1996 年版，第 1 页。

〔2〕 ［苏］雅维茨：《法的一般理论——哲学和社会问题》，朱景文译，辽宁人民出版社 1986 年版，第 93 页；［苏］阿列克谢耶夫：《法的一般理论》（上册），黄良平、丁文琪译，法律出版社 1988 年版，第 102 页。

缺点不容忽视，就是它的片面性。这种概念既不适于习惯法，也不适于教会法和商人法，更不适于国际法。按照这样的理解去谈论法律，等于宣布国际法、教会法、商人法和习惯法等都不是法律。这当然是荒谬的。因此，在我们研究宪法和宪法革命问题时，有必要把"什么是法律"的问题认真搞清楚。

要做到这一点，就必须对哈特在《法律的概念》一书中指出的法律概念问题上"三个经常性的争论点"给以科学的解答。这三个争论点是：法律义务与道德义务有何区别？法律与以威胁为后盾的命令有何区别？什么是规则以及达到何种程度才能成为法律？笔者的回答是：

第一，法律是社会要求其成员及其他主体必须遵循的行为规范，如有违反，就会受到社会以其现有条件所可能使用的任何必要手段或可能采取的任何必要措施的惩罚；而道德则是社会成员普遍认为应当遵行的行为准则，违者受良心谴责和舆论制裁。需要指出的是，虽然法律规范有所谓的"强制规范"和"任意规范"之分，但是归根到底，任意规范之"任意"所指的也只是法律为行为人在特定的（前提）条件下和（或）划定的范围内提供一定的任择余地罢了，并不允许其对这个范围的界限及规定的（前提）条件有任何的突破。因此，依笔者之见，法律的"强制规范"和"任意规范"的区别主要在于是否为行为人规定自由天地，而不在于这些规范本身是否具有强制效力。从这个意义上说，法律关于"任意规范"的规定也是必须遵守和不能违反的，因而也同强制规范一样具有强制性的效力。换句话说，一切法律规范都可以认为是具有强制效力的规范。这是法律与德律（即道德）的根本区别。

第二，法律是公开存在的"主流社会"的制度规范，而强盗集团等以威胁为后盾的命令、要求和规定则是"非主流"的反社会组织或黑社会组织的准制度规范。这是二者的最大不同。

第三，法律规则与礼仪规则、俱乐部规则、足球竞赛规则以及其他游戏规则的最大区别在于，它是一个独立、完整的主流社会确定其各方面制度及公共秩序的规则和原则，而不是任何未经社会授权的专门机构、职业集团或其他组织等所确定的内部规则，更不同于语法规则、思维逻辑规则等与社会制度和公共秩序无关的科学原理和原则。

据此，我们可以对国际法和国内法之统一法理学上的"法律"给出如下定义：

"所谓法律，是指一个公开存在的主流社会确定其管理制度和公共秩序的规则和原则，即该社会各行为主体必须遵行的行为规范。换句话说，所谓法律，是指人类社会一定发展阶段上为确定其成员间及各成员与社会公权力间权利义务关系而形成或制定的具有强制效力的制度规范。"简言之，"法是人类社会发展过程中形成或出现的有强制效力的制度规范"。

显然，此定义可使法律在哈特所说的所有方面都能与其他任何非法律规范区别开来。

那么，这个定义会不会与前述经典的马克思主义法律概念相冲突呢？不会的。因为，它是比国内法和国际法这两个更具体的法律概念更高层次的抽象。按照马克思由抽象上升到具体的研究方法，在有了前述统一法律概念之后，可以再上升一个层次，分别得出关于国际法和国内法的更具体一些的概念。这两个层次上抽象程度不同的概念的相互关系是：一般概念提供总的框架，具体概念则在不违背一般概念的前提下提供更多、更具体的内容、信息和线索。迄今为止马克思主义者们关于法律概念的经典表述是专适合于国内法的具体概念，而国际法教书上关于国际法的定义所提供的则是另一种具体的法律概念。从根本上说，此二者与上述统一法律概念都没有任何逻辑上的矛盾。

这样，我们看到，统一法律概念是最抽象的法律概念，处于抽象向具体上升过程的最底层次；国内法是其从抽象上升到具体过程中较高的一个层次；而作为国内法之一种的宪法，则是抽象上升到具体的更高层次。那么，宪法究竟是一种什么样的"法"呢？

现在，一个人人皆知的通常说法是，"宪法是国家的根本大法"。应当承认，这是正确的。但是同时，也有必要指出，这种对于宪法的认识是不全面的，因为它是仅从宪法与其他国内法的关系的角度来讲的，而且即使在这方面，它也没有道出宪法的全部特征。

实际上，就其概念的外延即宪法与其他部门法的关系角度看，宪法是总法、母法和根本大法。所谓"总法"，是说宪法为其他国内立法提供了基本框架和一般性的指导原则；所谓"母法"指的是，宪法包含了其他国内法的法源和具体规范的萌芽；而所谓"根本大法"则指的是，宪法对其他一切国内立法起统率即主导和支配作用，具有最高的法律效力。[3]

就其概念的内涵即宪法的本质特征来讲，宪法是一个国家的主权者之意志的总汇或集中表现。一般说来，一个国家的国内法是其主权者意志的体现，而由于宪法是国家的总法、母法和根本法，因而也就自然是该国主权者意志的总汇和最集中的体现。

讲到这里，有必要就笔者对主权问题的理解做一简单的说明。以笔者之见，主权（sovereignty）是指最高权力（supreme powers）。从法理学上说，权力本身并不是权利，用英语来表达就是：Power itself is not right（s）。作为一种无形的利益，同其他的物质和非物质利益一样，权力也只是权利的对象或客体。如果我们将"权利"（right or rights）一词理解为"主体对于客体之法律上的充分必要资格"的话，那么"主权者"，即主权的实际占有、拥有、支配、使用或行使者也有一个是否依法有此

---

〔3〕 余元洲："论依法治国与依宪治国"，载《社会科学》2005年第1期。

权利的问题。比如，封建专制时代的君主大权在握，可以说是十足的"主权者"，但从法理上分析，就不是真正的主权所有人。主权的法律所有权，即应然法上的所有权，在任何时代任何情况下都永远是属于人民的，不可剥夺的。暴君可以剥夺人民的主权，并将其篡夺在自己手中行使，但却永远不可能剥夺人民对主权之法理上的权利或应然法权利。

从这样的角度看问题，所谓宪法，当有三种类别：

第一种，当"主权者"是篡夺了人民主权的个人或寡头时，宪法，如果有的话，其作为"主权者"意志的总汇和集中表现，必是专制独裁政体的装饰和掩盖形式。此种"宪法"之典型例，清朝灭亡前夕预备立宪闹剧中炮制出笼而未及施行的《钦定宪法大纲》或《重大信条十九条》是也。还有 1814 年《法国宪法》、《德意志帝国宪法》和《日本明治宪法》等等，亦属此类。

第二种，当主权者是从篡夺人民主权者那里替人民夺回主权的革命者时，宪法，如果有的话，必是革命胜利成果的记录和表现。列宁领导的十月革命胜利后的宪法，当属此列。

第三种，当主权基本掌握在其合法所有者人民手中时，宪法是组成人民的各阶级、阶层或社会集团及其政治代表的政治契约。当今世界上大多数国家的宪法均属此类。不过由于主权的回归往往发生于包括国家独立、革命战争在内的人民革命胜利之后，因而此类宪法中的多数同时兼有第二类宪法的某些特点。如 1949 年人民解放战争取得决定性胜利形势下召开的新政协所制定的《中国人民政治协商会议共同纲领》以及其后的 1954 年宪法即是。还有美国宪法及其他许多曾经经过革命洗礼的国家的宪法都或多或少兼有第二三两类宪法的特征。只是一般来说，距离革命发生的时间越久远，其所具有的政治契约的特点也就越明显。

由此可以断言，人民当家作主时代，宪法的本质是政治契约。当今世界大多数国家的宪法就其主导特征来说，都是政治契约。我国的宪法亦正向此方向转变。

众所周知，法国早年启蒙学者卢梭曾经提出过"社会契约论"，认为人民是或应当是通过契约组成社会，建立公权力机关，管理公共事务的。这种理论成为法国革命重要的理论武器和思想渊源，并对后世学者产生了巨大的积极影响。

但是，也应当看到，真正的社会契约，就其原理而言，仅只产生于人类社会形成之初。后来，这种无形的社会契约因国家的出现和阶级的分化而被践踏、被撕碎。及至资产阶级革命爆发，人民重新夺回主权时，一方面，所谓"社会契约"并不是一般的法，而是国家的总法、母法和根本法，亦即本文所说的"宪法"；另一方面，这种宪法也不仅仅是一般性的"社会契约"，而是政治性的社会契约，即"政治契约"。它与"社会契约"的区别有三：

第一，它是有关国家政权及其组成的契约，即关于国家的契约，而不是一般的社会契约。

第二，它是少数服从多数、多数人的意志对少数人有当然强制力的契约，而不是每个社会成员均有权自由决定是否接受（即意思自治）的产物。

第三，它是在组成人民的各阶级、阶层或社会集团及其政治代表之间形成或达成的契约，或在各政治力量达成一致后再交由人民或其代议机关加以批准的契约，而不是单个个人之间直接谈判达成的契约。

显而易见，上述各点并不是对卢梭"社会契约论"的否定，而是根据《社会契约论》问世以来数百年间世界历史发展的实际，特别是在马克思、列宁国家学说的指导下，在新的历史条件下对卢梭思想的一种继承和重述。以笔者之愚见，对于宪法作这样的理解，当有利于我国的宪政改革和宪法革命。

保障人民各项权利和授予国家公共权力，是制定宪法的两大任务。一部好的宪法应在这两者之间保持必要的平衡。这个事实，使得许多人误以为"人民权利"与"国家权力"是两个处于同一层次上的对等范畴。实际情况并非如此。前已说过，权力同其他物质和非物质的利益一样，仅是权利的客体而已。既然如此，行使"国家权力"的主体也必须被依法授予相应的权利，否则就没有权利行使权力，或只能非法地行使权力；而"人民权利"也应有自己的特定客体，如生存资料或生存条件、自由、平等地位、个人尊严、参与机会、发展手段和享乐手段等等。否则，空无内容的法律权利是不会有任何追求价值的。

这样看来，宪法作为政治契约，在规定公民个人对其切身利益享有法律权利的同时，也规定了国家机关依法行使公共权力的权利。此处的"权利"，如前所说，正是指的"主体对于客体之法律上的充分必要资格"。为了保证这些"权利"能够得以有效地实现，宪法同时将"义务"（即"各种法律关系主体在相互关系中为或不为某种行为之法律上的强制必要性"）苛加于人民和公权力机关头上。从这样的观点看问题，则宪法究竟是"权利本位"还是"义务本位"就不是很重要的了，因为世界上既没有无权利的义务，也没有无义务的权利。

实际上，在这个问题上，对我们来说真正重要的只有一点，那就是：就同一个主体而言，其所得到的权利与其所承担的义务之间是否平衡。如果平衡，就是良法；如不平衡，就是恶法。而从"道法论"（The Taoist Theory of Law）的角度讲，"法"合于"道"者为良法，"法"不合"道"者为恶法。"恶法亦法"，但若没有"道"的支持，即使可以强行于一时，终究"法将不法"。这里的"道"，是经过笔者运用马克思主义法哲学思想改造了的中国古代传统哲学之"道范畴"，即自然界和人类社会的客观总规律。由于客观规律是不能违反的，如有违反，迟早会受到规律的惩罚，人们制定的任何法律也就不能与"道"即客观规律相违反或背离，否则必受惩罚，必作修改。这样的"道法论"原理，也是本文所谓宪法革命之重要的法理依据：道之所在，法之所依；道之所指，法之所趋。因此之故，宪法革命不得不为。

有一种"宪法理论"认为，宪法仅仅是已有成果的反映和记录，而并不创造新的制度。斯大林1936年11月25日在《关于前苏联宪法草案》的报告中谈到："纲领和宪法有重大的差别。纲领上说的是还没有的东西，是要在将来获得和争取到的东西，相反，宪法上应当说的是已经有的东西，是现在已经获得和已经争取到的东西。"[4] 应当承认，斯大林关于宪法不同于纲领的说法是正确的，我国现行宪法的缺点之一就是纲领性的规定略显过多。但是，绝不能因此就断言宪法上说的只能是"已经有的东西，是现在已经获得和已经争取到的东西"。事实上，无论是作为革命成果之记录的第二类宪法，还是作为政治契约的第三类宪法，都有一定的创制作用。前者是胜利者根据革命的纲领和目标所作的制度创新，后者是政治契约当事人根据类似于谈判成果（包括互相妥协的结果）所作的制度创新。准确地理解和认识这一点，对于我们研究宪法革命问题，具有至关重要的意义和作用。设无任何创制作用，宪法革命又有何用呢？

二、宪法革命的概念和动因

何谓宪法革命？究其含义，无非是指宪法创新，包括宪法理论和宪法制度两方面的创新。由于前面关于宪法革命法理基础的分析中已经包含了理论创新的一些成分，另一些则要在对资产阶级的宪法理论进行批判之后才能谈到，因此，现在所要讨论的重点，就是宪法制度上的创新。

---

〔4〕《斯大林选集》（下卷），人民出版社1979年版，第398页。

那么，我国的宪法制度为什么要进行创新？又需要一些什么样的创新呢？

笔者过去在讨论民法革命时曾经这样说过：正如"将来"需要一场宪法革命一样，"现在"正需要一场民法革命。"宪法革命的任务是要从法理及法律制度上解决'共产党领导，多党派并存'与现代民主政治所要求的竞争择优、监督制衡等政治机制的兼容问题，而民法革命的任务则是要从法理及法律制度上解决'公有制主导，多成分并存'与现代企业制度及市场机制的兼容问题。"[5]

显然，将上面这段话的语序颠倒一下，就可以移用于本文所讨论的宪法革命问题，因为宪法革命与民法革命一样，其动因和必要性，都是存在于我国社会的现实之中。由于中国是一个社会主义国家，党的领导是保证国家性质不变的政治保证，因此，加强和改善共产党领导也就是关系我们国家命运前途的根本大计。而宪法革命的任务，从根本上说，就是要坚持和改善中国共产党的领导，从而改善我们国家的现实政治运行机制。

加强和改善共产党的领导，作为一种口号，早已不新鲜了。但是作为科学的论题，却是依然值得研究的。

有人认为，共产党的领导是一种事实存在，不是主观上想不想要的问题。更有甚者，认为共产党的领导只能加强，不能改善；如求改善，势必弱化。这种将加强和改善共产党领导对立起来的看法，在相当一些人那里颇有市场。但是，这种形而上学的思维方式，毕竟是错误的，反科学的。如果转变一下思维方式，就会发现：加强共产党领导与改善共产党领导是相辅相成、密不可分的，进一步说，"加强"和"改善"甚至可以互为手段、互为因果。

这是因为，一方面不加强党的领导，党的地位得不到确保，

---

〔5〕 余元洲："论民法革命"，载《社会科学》1997 年第 12 期。

就不敢轻易地改动、改进和改善党的领导，一"改"就有可能"改"到泥坑里去，像前苏联的戈尔巴乔夫所搞的那样。但是另一方面，不想办法改革、改进和改善党的领导，也就不可能使党的领导真正得到巩固和加强，而只能继续在"铁桶"上加"箍"。而且，箍得越紧，人民权利受到的限制越多，执政党和国家机器的缺点就越难以及时得到克服和纠正，潜在和暴露出来的问题也越多，人民群众的意见也越大，导致高层决策者对改革能否成功越没有信心和把握。而越是缺乏信心就越不放心，越不放心越不敢改。不仅如此，由于心底不够踏实，还会采取更多的措施以求将"铁桶""箍"得更紧，……由此形成恶性循环，形成难解的怪圈。相反，如果能够在确保党的领导不受威胁，并且逐步得到加强的情况下对党的施政方式加以转变，使党能够按照"依法治国"的总要求民主施政、科学施政、规范施政、依法施政——其实质是实行宪政，那么，党的领导就可以得到改善，并反过来得到有效的巩固和加强。

当然，做到这一点是不容易的。它要求我们首先要从强化而不是弱化共产党领导的目的出发，积极地想办法去改革、改良、改进、改善（而不是改掉）共产党领导。

那么，什么叫"强化而不是弱化"、"改善而不是改掉"共产党的领导呢？就前苏联戈尔巴乔夫"改革"的情况来看，修改《前苏联宪法》第6条和取消苏共的法定领导地位，就是削弱和改掉共产党领导。如果不这样做的话，即使社会上有人敌视共产党，反对共产党的领导，也有一个宪法和法律上的障碍难以逾越，他和叶利钦后来宣布停止苏共活动就是违宪和非法行为，一旦实力较量之后就可以启动法律程序来追究其责任。这就会使反党反社会主义分子不敢轻举妄动，或至少可使党和社会主义的保卫者们手中更多一件法律武器。

这就从反面提醒我们，在当今世界民主化和法制化的大趋势下，加强共产党领导的一个重要办法，是将关于共产党领导的条款写进宪法及相关法律之中。只有这样，才能从法律上确保共产党的领导，并在此前提下为改革、改进、改良和改善共产党领导确立必要的法律框架，从而一举达到加强和改善共产党领导的双重目的。这就要进行宪法革命，即对现行宪法进行根本性的改造和制度创新。宪法革命是走出前述恶性循环之怪圈的唯一出路。只有宪法革命可以在加强共产党领导的同时，为改进和完善共产党领导奠定基础并留下余地，后者反过来又有利于加强和巩固共产党的领导地位。除此之外，绝无他途。

有人说，中国共产党的领导地位，不是已经写进了新中国先后制定的各部宪法了吗？为什么还要进行宪法革命呢？

对此，笔者的回答是：虽然新中国各部宪法都已经将中国共产党的领导地位和领导权写了进去，但基本上都是作为纲领性规范而不是可操作规范写进宪法的。倒是其中整体上最差的一部 1975 年宪法写进了一些有关共产党领导的可操作条款（如关于国务院总理的人选由中国共产党中央委员会提名的规定，等等），其他各部宪法均无像样的具体规定。以 1982 年制定的现行《宪法》为例，虽经多次修订，其中关于中国共产党领导的多党合作制度和政治协商会议制度，仍然只是在宪法序言中写进寥寥数语，正文中则根本没有相应的规定。

众所周知，人民代表大会制度、中国共产党领导的多党合作制度和中国人民政治协商会议制度是我国的三大政治制度。这三大制度，一般被称作"三大根本政治制度"，也有人称其为"三大基本政治制度"。前说成立，作为根本制度，它们均应理所当然地被写进作为国家根本大法的宪法之中，并且不是仅仅写进序言，而是要设专章、专节或以若干条款写进正文；若后说成立，则作为基本制度，也应通过基本法律文件加以规定，如分别制定《政党法》、《执政党执政法》和《中国人民政治协商会议组织法》等，并且也还要在宪法正文中对其立法根据加以规定，如规定"中华人民共和国实行中国共产党领导的多党合作制，具体制度由法律规定"和"本宪法确认中国人民政治协商会议（简称"人民政协"）全国委员会为最高国家参议机关，人民政协地方各级委员会为地方各级国家参议机关，其组织和职权由法律规定"。两相比较，还是尽可能地将其基本规范和法律框架通过宪法确定下来，尔后再由法律对其细节加以规定为好。

由此可见，我国现行的宪法制度，并不是无可挑剔的。恰恰相反，三大制度只有1/3（即人民代表大会制度）写进了宪法正文，而且不是完美无缺，其他2/3尚在宪法正文之外。这样的宪法文本难道不能批评？对这样的宪法、宪法制度及其所依据的宪法理论难道不应该加以革命？

1999年3月，全国人大九届二次会议通过的宪法修正案规定：国家"实行依法治国的基本方略，建设社会主义法治国家"。应当说，这一规定非常好，也非常及时。但是，笔者总觉得，仅此一条不足以解决问题。依法治国，包括许多方面，但最最重要的是要从法律角度面对和正视中国共产党在国家政治生活中的领导地位和领导权问题，最最基本的是要为中国共产党依法施政提供可操作的宪法规范作为依据，并在当今世界民主化的大趋势及我国已踏上法治化之路的大格局下通过宪法手段解决好党的领导与人民群众当家作主的关系问题。正因为如此，我们说：依法治国，当从宪法革命始；依法治国，也必须从宪法革命始。

之所以如此是因为，没有一场宪法革命，党的领导无所凭借，人民民主无从落实。在这样的情况下，所谓"依法治国"如果不是徒具空名的话，也至少会是残缺不全的，其结果，难免变成只有依法治民、依法治罪、依法治众、依法治税、依法治官、依法治吏等等，唯独不能为共产党"行宪"、施政提供可操作的宪法依据并加以规制，因而也就不是"依法治国"本来的真义了。这样看来，依法治国虽然重要，但是否真正依法治国并不取决于是否将此四字写进宪法，而是取决于是否将依法治国所需要的内容或制度规范写进宪法，并严格依照宪法和有关法律的规定治理国家。

需要指出的是，我国现行的宪法文本、宪法制度和宪法理论之所以是目前这种状况，之所以需要加以革命，从根子上说，主要是由于资产阶级宪法理论的支配性影响造成的。这话一时不易理解：一个社会主义国家，共产党领导了半个多世纪了，相当一批宪法学家是共产党员或接受过多年马克思主义教育的人，且其中的绝大多数是新中国自己培养的学者，怎么会出现我们的宪法文本、宪法制度和宪法理论受资产阶级宪法理论主导、支配和影响，以至于不得不进行一场宪法革命呢？

其实，这种情况一点也不奇怪。因为，事实上，我们一直未能开展并完成推行社会主义民主宪政所需要的宪法革命。我国宪法学中所通行的，只是用马克思主义词句来阐释的资产阶级宪法理论，而不是根据融会贯通了的马克思主义精髓（即无产阶级专政要义）对资产阶级宪法理论进行批判和扬弃之后所创立的新理论。从这样的角度看问题，则本文所谓宪法革命，并不是要对已有的马克思主义宪法理论进行批判，而是要对陈腐的资产阶级宪法理论加以批判和扬弃，并在此基础上进行创新，提出尚无而全新的马克思主义宪法理论。然后，在这种理论的指导之下，才能建立起适合于我国国情、民情的社会主义宪政体制或宪法制度。

那么，资产阶级的宪法理论的缺陷何在，以致只有对其加以革命性的改造才能为我所用呢？以及，这些缺陷又是如何影响我们的宪法理论和宪法制定的呢？

众所周知，资产阶级的宪法和宪法理论，都是在与西欧封建专制主义势力的斗争中产生和发展起来的，因而其本身就具有一定的革命性，就是人类法律制度演进史和法律思想发展史上的一场革命。如果我们将此前的封建主义统治秩序也看做是一种习惯法意义上的宪法制度（更何况英、法、德、日等国还真的诞生过封建主义的宪法文件和宪法制度呢），并将为封建制度辩护的种种理由看做类似宪法理论的话，那么，也可以说，资产阶级宪法制度和宪法理论的诞生就是第一次宪法革命。在这次革命中，资产阶级与封建专制统治秩序针锋相对，打出了"自由、平等、博爱"的旗帜，喊出了"民主、法治、人权"的口号，表达了包括工人阶级在内的整个"第三等级"的意志和愿望，观点旗帜鲜明，声音振聋发聩。这次宪法革命，以其巨大的贡献铸成了一座历史性的丰碑。

然而，用科学的眼光辩证地看，它的错误和局限性也历史地铸定了。因为这次革命完全是为资产阶级和资本主义私有制服务的，所谓"自由、平等、博爱"和"民主、法治、人权"等政治理想和理念，也完全是以资产阶级心目中的"人"即"人格化的资本"为依归的，并没有真正把资本的压榨对象和价值增殖源泉（即处于社会底层的工人和其他劳动人民）当人看待。对于后者，这些美妙诱人的名堂，如果不是纯粹的欺骗，也至少是哄人的画饼。

其实，这样来谈论资产阶级宪法理论的欺骗性是远远不够的。与其他如经济、政治领域的理论一样，资产阶级宪法理论的要害在于，以抽象一般的自由、平等、博爱和民主、法治、人权来掩盖其具体的阶级实质。就以"自由"为例。资产阶级崇尚自由，并将其说成一般的自由，普遍的自由，人人平等的自由，没有任何特殊限定或特定所指的自由。这当然是对付封建专制统治秩序的有力武器。但是，自从这个旗帜打出以来，我们在世界上任何地方都没有见到过这种自由，就像我们只见过具体的白马、黑马而从未见过抽象一般的"马"一样。

在资产阶级的理想王国里，人们有雇工剥削、赚钱发财的自由，但并没有工人不受剥削的自由。当然，你也有不去应聘和就业的自由，有炒老板鱿鱼的自由，有到处流浪的自由，有冻饿而死的自由，也有筹款自办企业当老板的自由。大家都是自由的和平等的，别人能做的事情你也可以去做。但是，事实上，尽管资产阶级豢养的学者们一直在编造人人都可持股，人人都可当股东、当老板的新资本主义（过去曾经叫"人民资本主义"，现在时兴叫"知本主义"）的理论，但若真正人人都平等地当上了老板，资本主义就会从根本上无法生存，从而谁也当不成老板。试想一下，既然人人都是老板，人人都有大把大把的钱愁着花不出去，还会有谁因生计所迫而去受雇于别的老板当工人呢？既然如此，资本家的企业又怎么开工生产呢？第三产业又如何对外提供服务并且赚钱呢？一个简单的道理是：妓院招不到"自觉自愿"前来当妓女的姑娘，就不能开张营业、赚钱发财。其他行业也是一样。

实际上，在资本主义条件下，不仅不可能人人成为老板，而且也不可能多数人成为真正意义上的老板。相反地，除了小打小闹、小本经营因而不用雇用他人的自营业主外，永远只能是多数人为少数人打工，少数人靠多数人的劳动发财。至于生产力发达了，也能够惠及工人，那不过是应验了马克思的一句名言，即资本家阶级已有足够的财力，可以将工人身上的锁链和镣铐锻造得长一些，使雇佣奴隶们也能享受更多一些财富和自由罢了。

除此之外，还能意味着什么呢？只能意味着资本主义的生产方式和分配方式终将不再适合于赚钱动机刺激下发展起来的宏大生产力，从而为人类社会走向大同准备了条件。无限的生产能力，庞大的商品堆积，富人消费不完，穷人消费不起，企业开工不足，设备闲置锈蚀，资源白白浪费，工人则找不到挣钱谋生、养家糊口的工作！所有这一切，不是因为贫穷，而是因为富裕。这就是资本主义特有的贫困产生方式，即"丰裕的贫困"。资本主义的荒谬性就在这里。在资本主义社会里，富人只有消费的经济能力，没有消费的自然能力；穷人只有消费的自然能力，没有消费的经济能力。更重要的是，富人丰富的支付能力并不是由他们自己，而是由穷人给他们创造的。反过来说，穷人贫乏的支付能力也不是由他们自己，而是由富人给他们造成的，因为他们用劳动和血汗创造的财富大部分作为利润被资本家拿走了，使得自己无钱消费。而没有足够的消费支撑，就无法进行后续的再生产，资本家也无法进一步投资赚钱。由此造成社会再生产实现困难，造成一次次衰退、萧条和危机的折磨。在这种情况下，除了经由小康走向大同，又有何出路呢？

再说政治自由。这就意味着允许资产阶级自由组党，实行多党制。各党根据得票多少轮换坐庄，粗看起来非常公平。但是，无产阶级，除非与国家政权结合在一起并且永不分离，即牢牢地掌握政权，实行无产阶级专政，不然的话，在一个金权主宰的国家里，是很难有实力与资产阶级进行选举较量的。不错，无产阶级在人数上占有绝对优势，一人一票的选举看起来对无产阶级政党有利，而对资产阶级政党不利。但是，除非在圣马力诺共和国那样的小国里，随便走动一下即可将本党的主张宣传出去，否则，不借助大众传媒并花钱如水，是很难让千百万选民投本党候选人的票的。试想，没有金钱去作宣传，选民又怎么能知道哪个党能代表他们的利益、意志和愿望呢？所以，资产阶级心中很清楚：不怕你人多，就怕我没钱。"有钱能使鬼推磨。"在完全自由的多党选举中，还怕有钱打不赢选战吗？

有人也许会说，西方资本主义国家的选举也有民心向背问题。应当承认，确实如此。但这只是资产阶级政党与资产阶级政党相互竞争时的情况。由于经济实力相差无几，政策主张的民心向背就成为选举成败的决定因素。一旦选举较量在无产阶级政党与资产阶级政党之间进行，特别是当无产阶级政党不能得到国家政权的"特殊"帮助和"片面"资助而不得不与资产阶级政党"公平"竞争时，无产阶级及其政党是几乎注定要失败的。因为此时，选举资金的雄厚与否必然超过政策主张的正确与否而成为第一位的决定因素。

由此可以看出，抽象一般的经济自由和政治自由对于资产阶级及其政党与对于无产阶级及其政党的意义是何等的不同！它同时也表明，以抽象一般的自由、平等、博爱、民主、法治、人权及其派生原则如私有制、多党制、三权分立、个人至上等为标志的资产阶级宪法理论，是怎样地不适合于工人阶级和劳动人民对特定具体的自由、平等、博爱、民主、法治、人权的需要，不适合于社会主义国家宪政改革的需要！

讲到这里，需要指出的是，资产阶级宪法和宪法理论对我国宪法和宪法理论的影响，并不是或主要不是表现在我国宪法和宪法理论也规定或宣扬了他们那一套东西，而是表现在我们在制定宪法时潜意识里认为他们那一套东西是正确的，以致不敢大胆地、旗帜鲜明地将马克思主义的要义、无产阶级专政的要义写进宪法，而我们的宪法理论对此也似乎毫无察觉、毫无批判、毫无反思、毫无对策，表明宪法学家们潜意识中也认为他们那一套是对的。更有甚者，甚至在自己的著作和文章中表示某种赞同的倾向！

这里，我所谓社会主义国家的宪法未将马克思主义的要义和无产阶级专政的要义写进宪法，并不是说没有写进马克思主义的词句和坚持无产阶级专政、镇压资产阶级反抗等等字样。这样的词句和字样在前苏联、在中国、在朝鲜以及其他各社会主义国家的宪法中都有，但恰恰没有将其要义写进去变成可操作的规范。

列宁曾经表达过这样的思想，他说，无产阶级专政的实质不是暴力，或者主要不是暴力。[6] 这段话，在片面理解和宣传

---

[6]　列宁："伟大的创举"，载《列宁选集》（第 4 卷），人民出版社 1995 年版，第 9～10 页。

无产阶级专政理论成风的年代，曾使许多人费尽周折，不解其意。但它其实是很容易理解的。为什么呢？因为无产阶级专政的要义，在于取得和保持工人阶级的专有政权，从而利用政权的力量来实现并保守工人阶级的经济利益及其他各种利益。能够和平地做到这一点，当然不需要使用暴力；只有当非借助暴力不可的时候，才能使用暴力。既然如此，当然应当说无产阶级专政的实质不是暴力，或主要不是暴力了。

从列宁的上述思想中，我们可以看到，社会主义宪法和宪法理论应当从根本上采取措施，确保工人阶级和广大劳动人民的专有政权，从而确保工人阶级和广大劳动人民的经济利益、社会利益以及其他各种利益。这就要求我们通过宪法革命，将资产阶级宪法理论中抽象一般的自由、平等、博爱、民主、法治、人权改写成无产阶级和社会主义的自由、平等、博爱、民主、法治、人权。人类历史上第二次宪法革命的动因和必要性，就在这里。

三、宪法革命的内容及实现形式

然而，宪法革命更重要的理由还在于：一方面，如前所说，由于把宪法当作旗帜并自认为资产阶级的宪法和宪法理论有一定道理，因此就不敢将无产阶级专政的要义（即无产阶级政党之当然的法定领导权和执政地位）作为可操作规范写进宪法；另一方面，由于毕竟是社会主义国家，毕竟要由无产阶级政党来执政和领导，并且要不因换届选举而丧失执政地位和领导权，因此在生活中，在实践中，在对政权的实际操作中，就不得不撇开宪法和法律而采取自认为有效的种种措施来确保无产阶级政党的执政地位和领导权，而且做得有过之而无不及——比明确写进宪法并加以规制要严苛得多。

这就造成了法制与实际脱节，宪法规范与政权运作不相协调的"两张皮现象"。本来，在革命胜利之初，这样做无可厚非，因为走上法治轨道要有一个准备和推行的过程。另外，在无产阶级政党刚取得政权而宪法和法律秩序还未建立和健全的情况下，也没有比这一套更好的办法可以用来巩固党的执政地位。但是，从长期看，撇开其道义上的合法性不谈，仅就其实践效果来说也是递减的。人治的办法，不要宪法和法律作为依据并加以规制而直接以党治国的办法，从根本上说都不是办法，是"不是办法的办法"，结果只能积弊日深、积重难返，致使政权的民意基础削弱，走进前述恶性循环和怪圈之中！

正是在这种情况下，我们看到，党提出"依法治国"和"建设社会主义法治国家"的主张并将其写进宪法是多么及时，多么英明、正确、伟大！

现在的问题是，既然是要依法治国，那就必须将无产阶级专政的要义和无产阶级党的领导权或执政地位也写进宪法，并且不只是写进序言，而是写进宪法的正文，以可操作的规范加以规定。这样，一方面使无产阶级专政和党的领导得到确保；另一方面，也对其运作加以适当的约束和规制，使之民主化、科学化、规范化、法制化，从而使整个国家的政治运行机制逐渐走出前述怪圈，走进良性循环的轨道。

这就是摆在我们面前的宪法革命的任务，其重点是使无产阶级专政或无产阶级党的当然领导权与现代民主政治建设的目标相兼容，与资产阶级宪法理论中剔去其阶级实质后的那部分内容相兼容，从而产生适合于人民需要，适合于社会主义的新的自由、平等、博爱、民主、法治、人权等宪法原则及其理论说明。

这样，宪法革命的内容也就确定了。其最主要的原则和理论有二：一是"国家市场经济"原则和"国家市场经济"理论；二是"政治垄断竞争"原则和"政治垄断竞争"理论。

关于"国家市场经济"。这是一个与战后西德新自由主义代表哈耶克的"社会市场经济"理论相对立的概念。用语本身不是笔者发明，而是颇遭非议的俄罗斯自由民主党党首日里诺夫斯基最先使用的。笔者将其借用过来，目的是想以此表达"社会主义市场经济"的应有特点。"国家市场经济"的要义是：①国有经济主导；②国家调控市场；③国家节制资本。

上述最后一项，在当前大力发展私营经济的氛围下，估计会有人不很赞成。但它并非笔者发明，而是革命先行者中山先生之遗训。孙先生是资产阶级民主主义者，他能提出"节制资本"的革命纲领，我们的马克思主义经济学家和法学家们，当不至于太过反对吧？

"国家市场经济"的这三大要点，相辅相成，不可或缺。缺其一者，即不成其为社会主义性质的市场经济。与此相反，哈耶克的"社会市场经济"，其特点也有三项：一是私有制经济为基础；二是国家消极干预市场；三是扶持和帮助私人资本。此为二论之不同处。

在"国家市场经济"中，"国有经济主导"这一项是决定性的。设无国有经济成分在国民经济中的主体和主导地位，要使整个公有制经济占据主导地位是很困难的。近十年来，国人思想中的一个误区：以为国有经济即使全部退出竞争，公有制也仍然可以在国民经济中占主导地位，甚至认为即使公有制经济在国民经济中完全不占主导地位，中国的市场经济也还可以是"社会主义的"市场经济。当年，我国西方经济学研究领域的泰斗——"陈岱老"，生前曾在《经济研究》发表文章，对有些人顽固坚持西方经济学中错误的东西、顽固坚持私有化理论进行了尖锐的批评。但一些人根本听不进去，不仅不改，反而在国企改革遇到困难的情况下，更坚定了"私有化是国企改革唯一出路"的信念。这就堵死了公有制前提下探寻社会主义市场经济良性运行有效办法（即民法革命）的道路。其结果，除了拾人牙慧之外，理论上难有创新，实践中误入歧途。此种智慧浪费，实在可惜、可怜、可叹、可悲！

当然，人们反对公有制经济在国民经济中占主导地位，特别是反对国有经济留在竞争性行业领域与个体私营经济一决雌雄从而永占主导地位，这也是很自然的事。原因就在于，到目前为止，我国大多数国有企业的微观经济效益还没有达到个体私营经济的平均水平。这是必须要采取措施加以解决的问题。但这是民商私法改革创新（即"民法革命"）的任务，不属于宪法革命的论题。而且，这一革命在理论上的"作业"，也已经完成了，内容包括"司产与行政分离"、"物权分与制"、"信托经营制"和"特别求偿权"，等等。不过，虽说不属宪法革命的内容，就像许多其他本来并非宪法规范的规范常因种种原因被写进宪法一样，这些民商法律制度的创新也可以写进宪法中去。这样，"国家市场经济"作为一项宪法原则，也就有了自己的微观经济基础和民商私法基础。

但是，国家市场经济本身，在整个这次宪法革命中所占的地位，只是经济基础而已。宪法革命的主导方面不在经济制度创新，而是政治制度创新，即政治垄断竞争原则和政治垄断竞争理论指导下的宪政改革。

这里所谓"政治垄断竞争"，是笔者从经济学中借用过来并经过了适当改造的一个概念。其含义是在依法确保马克思主义党执政的前提下，引入政治竞争机制。

政治垄断竞争可以有以下两种不同的运作模式：

第一种是列宁一度设想而未能实行的"社会主义多党制"[7] 这种模式与戈尔巴乔夫在"人道的民主的社会主义"理念下所搞的"多党制"完全不同。它要求按无产阶级专政理论的基本要求，依法取缔一切反社会主义或有反社会主义倾向

---

〔7〕　参见《国际共运》1984 年第 1 期高放的文章；列宁原著，载《列宁全集》（第 26 卷），人民出版社 1984 年版，第 318 页等。

的政党和组织，只允许社会主义性质的各党存在，并且仅指那些信奉马克思主义科学社会主义而只是在具体的治国方略上有所不同的各社会主义政党，不包括根据各种庸俗社会主义学说组建的政党或派别组织。

第二种是具体到中国特殊国情、民情下产生的"一党主导，多党参政"制度，即由共产党统一代表整个工人阶级和广大劳动人民的根本利益执掌政权，同时允许各民主党派在承认共产党政治领导权和法定执政地位的前提下平等竞争进入人大、政协行使参政议政之权的席位，且中国共产党和各民主党派都必须实行适当或适度的党内竞争。

在政治垄断竞争体制中，"竞争以成垄断之功，垄断以收竞争之利"。"垄断"和"竞争"相辅相成，将远胜于西方国家的"多党制"民主。

一般而言，对于那些受过现代西方民主思想熏陶的人们来说，理解政治垄断竞争原理的难点，在于认识共产党执掌国家政权的必要性、必然性、无害性和有效性，其核心是政治垄断的重要性；而对于我们党内已经掌握着领导权的同志来说，接受政治垄断竞争理论的难点，则在于理解引入竞争机制的必要性、必然性、无害性和可行性，其核心是政治竞争的重要性。

前面，我们重点阐释了政治垄断的必要性问题，现在，对于政治竞争的必要性，也有必要稍加说明。

政治竞争之所以重要和必要，原因在于：

第一，没有政治竞争，一个国家的政治生活就会万马齐暗、死气沉沉，缺乏应有的生气。

第二，没有政治竞争，一个长期当然执政的党就会听不到批评的声音，易于放松对自己的要求，久而久之，就会丧失战斗力和竞争力，进而丧失执政能力。

第三，没有政治竞争，不仅执政党，而且各参政党也会逐渐丧失应有的活力，庸庸碌碌，萎靡不振，得过且过，无所作为。

第四，没有政治竞争，就不可能实现优胜劣汰、去劣择优的吏治目标。

第五，没有政治竞争，就没有人民及其代表机关的选择余地，从而也不可能真正由人民群众及其代表当家作主。

第六，没有政治竞争，人民的权力和权利名有实无、名存实亡，就不可能对党和国家机关实施有效的监督制约。

第七，没有政治竞争，党和国家肌体的各部分就难免会滋生腐败、藏污纳垢，并且仅靠自律难以清除。

第八，没有政治竞争，就不可能形成国家机器安全运行所需要的适度分权和制衡机制。

第九，没有政治竞争，就会损害党和政府在人民心目中的形象和地位，进而潜在地威胁到党长久执政的道义合法性，影响国家的长治久安。

谈到这里，聪明的读者可能会发现，本文虽然下笔千言，离题万里，但自始至终所要论证的，无非就是上述第二种政治垄断竞争模型，即在保持和维护现行政治体制基本不变的格局下，引入政治竞争因素，以改变我国政治运作的机制和机理。

之所以将研究的落脚点放在政治垄断竞争的第二种模式，主要是因为，一方面身为中国人，理所当然地首先要考虑中国现实的国情、民情，考虑由此决定的改革方略及中国社会主义的命运和前途；另一方面，在前苏联和东欧剧变之后，中国是世界上现存几个社会主义国家中最大也最有影响力的国家，她的兴旺发达，必有助于世界社会主义运动走出低谷。既然如此，当前的这场宪政改革和宪法革命，也就应以此为目标模式。相信它的运行效果，不会比第一种（即列宁所设想的"社会主义多党制"）逊色，毋宁说，只会更优越。

关于宪法革命的内容，这里顺便举一个具体制度层面的例子，作为说明。

众所周知，元首制度是宪法制度的一个重要组成部分。由于"三权分立说"受到批判，社会主义各国一般均不采用美国式的总统制。但是，一些资本主义国家中通行的"责任内阁制"同样也不适于社会主义民主，因为虚位元首体制下的责任内阁都是以多党制为前提和基础的。在多党制度下，女王、天皇、弱势总统提名或任命总理、首相等人时，是以议会多数党领袖为特定人选的，或至少以议会多数党联盟的形成及协议的达成为前提的。在这种情况下，资产阶级在用人上的"民主"主要体现在选民对议会的选举上，而不是体现在议会对首相、总理等人的选举上。

相反，在社会主义条件下，特别是像中国这样的社会主义国家，无产阶级党是当然的执政党，如果在立法上采取一定的技术措施的话也会永远是人民代表大会中的第一大党。在这种情况下，

第一，假如也实行虚位元首体制下的"责任内阁制"，那么，执政党的领袖就会是理所当然的政府首脑。这就会剥夺人民及其代表机关在选人问题上当家作主的任何可能性，与建设社会主义民主政治的目标要求背道而驰。

第二，假如不以执政党的最高领导人为唯一候选人而由人民代表大会从执政党高层领导人中自由地选举政府首脑的话，元首就没有了法定提名权，而只有选举结果出来之后形式上的任命权。元首本人则成了摆设。

第三，假如仍由元首行使提名权，则由于虚位元首一般处于弱势地位，此提名权就很容易落入他人之手，被不为外界所知的力量所操纵，造成"暗箱操作"之弊。要知道，世界上并不是只有普通公民的合法权益被侵害的可能性，也还会有公职人员的法定权力和权利（如国家元首对政府首脑的提名权、政府首脑对内阁成员的提名权，以及地方各级政府首长对政府组成人员的提名权，等等）被非法侵犯或实际剥夺掉的可能性存在。这后一种"侵权"，对于国家和人民来说，其弊害远大于前

一种侵权，因而需要认真地克服和防范。

从中华人民共和国成立后制定颁布的几部宪法来看，第二三部宪法属于"文革"非常时期的产物，未设元首职位。1954年的新中国第一部宪法规定国家主席与全国人大常委会结合行使元首职权，是所谓的"集体元首制"。这是前苏联最高苏维埃集体元首制的拙劣翻版，名为防止个人独裁专断，实为个人集权的虚伪掩饰，是宪政创制的一大败笔。1982年诞生的现行宪法，实行的也是虚位元首制，但经过李先念主席和杨尚昆主席两任之后，自1993年起，由于执政党的最高领导人兼任国家元首的结果，出现了实践中向实体元首制演化的趋向，具有积极的现实意义和深远的历史意义。

中国是一个统一的多民族国家，维护统一和治理国家的责任重于泰山。从古到今，客观上都需要一位强势元首来执掌大权，以形成弱枝强干、协调有序的权力分配和运作格局。如果实行虚位元首制，将元首置于弱势地位，无异于拿国家的命运和人民的福祉当儿戏！因此，笔者主张改行总统制，使国家元首成为现代民主法制条件下有实际权力和实体责任的"无冕之王"和"当家人"。[8]

试想一下，当人民或其代表机关选举产生的国家元首没有实际权力也不负实际责任的时候，人民对元首又能有什么指靠呢？而政府首脑虽然处于权力中心，处于可以有所作为的地位，但他却不是由人民或其代表机关选举产生的，而是经由本身并无实权的元首提名后，再由人民代表机关通过批准的。这个时候，人民代表机关实际上已经没有选择余地，只能批准不误。这是因为，虽然提名者（国家元首）是虚位的、弱势的，但对提名过程发挥重要影响作用的，则另有其他决定因素或实力人物。在此情况下，政府首脑必然会重点向那个对其提名发挥作用

---

〔8〕　余元洲："我国元首制度改革刍议"，载《清华法学》2005年第1期。

的决定因素或实力人物负责。这样，人民及其代表对于国家领导人的产生过程就难以掌握，特别是无法追究提名决定者的责任。

如果实权元首制的话，情况就不同了。虽然国运系于元首，但是毕竟，人民及其代表对于这位元首的产生及治国行为可以有一定的控制办法。这就比虚位元首体制下的幕后交易和暗箱操作要好多了。

除此之外，笔者之所以主张改行总统制，还有两条更重要的理由：

第一，由于虚位元首体制下元首的宪法权力不足，这就导致有作为的政治家一旦当选为国家元首，为实现自己的政治抱负，必然会撇开宪法抓权，实行人治方略，甚至为了树立个人权威而费尽心机玩弄权术，不择手段排除异己，并不惜为此消耗大量本可用于治事的宝贵时间和精力，实非国家和人民之福。

第二，国家元首将必要的宪法权力和相应责任集于一身，一定程度上有利于国人对其监督和追究责任。反之，权力分散掌握于"几驾马车"手里，责任相应地由这几个人共同分担，看起来似乎比一人掌握最高领导权要民主一些，实际上并不是真正的民主，而是一种变相的"寡头政体"，它不仅不能真正体现民主，而且不利于社会公众对他们进行监督和追究责任。可以说，这是一种"集体领导，集体负责"美名掩盖下的最坏的高层领导体制，必须进行彻底的改革。而总统制，就是克服此种弊端的办法之一。

当然，由于中国是一个大国，治理国家的事务非常繁重，以及我们与"三权分立"理念相对立的"议行统一制"，笔者所主张的并不是美国那样的典型总统制或全权总统制，而是类似于（但不等同于）俄法两国那样的强势总统制，即半总统、半责任内阁制，或总统主导下的责任内阁制。这种元首制度上的创新，是我国宪法革命内容的一部分。

至于宪法革命的实现形式，须回到我们在本文第一部分所提出的"人民当家做主时代，宪法本质上是政治契约"这一命题上来。既然宪法是政治契约，宪法革命之实现，即当由中国共产党与各民主党派通过政治协商达成一致，形成新的宪法草案，在交由全国人民参与讨论、修改之后，依照规定程序提请人民代表大会通过批准、颁布施行。

为此目的，笔者已起草了一部新的《中华人民共和国宪法草案》（学者建议稿），共 19 章 171 条。此宪草文本，结构如下：[9]

序　言

第一章　总则（第 1~12 条）

第二章　公民的权利和义务（第 13~25 条）

第三章　政党制度（第 26~37 条）

第四章　国家结构与行政区划（第 38~48 条）

第五章　最高国家权力机关（第 49~59 条）

第六章　最高国家参议机关（第 60~66 条）

第七章　国家元首（第 67~71 条）

第八章　中央人民政府（第 72~78 条）

第九章　审判机关和检察机关（第 79~90 条）

第十章　宪法委员会（第 91~98 条）

第十一章　地方政权和基层政权（第 99~108 条）

第十二章　民族区域自治政权（第 109~115 条）

第十三章　基层社区自治组织（第 116~118 条）

第十四章　各级政权的关系（第 119~125 条）

第十五章　国家司产组织（第 126~131 条）

第十六章　基本国策（第 132~162 条）

　　第一节　国防、外交（第 132~137 条）

---

[9]　由于出版要求，未能详列草案内容，有兴趣的读者可以到网上搜索即可获得。

第 11 篇　我国元首制度改革刍议

元首制度是宪法制度的一部分。我国现行的元首制度，是 1982 年宪法规定的虚位元首制。这种体制不适合我国的国情，因而在现实中已经或正在发生着朝实权元首制转化的演变。为了给此种转化提供依据，并引导其沿着规范和科学的思路进行，有必要对一系列相关问题从理论上加以探讨。

一、虚位元首制不适于社会主义民主

为什么虚位元首制不适于社会主义民主呢？这要从对虚位元首制的历史起源分析入手来回答。

元首制度的正常形态是国家元首依法（无论成文法或习惯法）拥有一定的实际权力，至于权力的大小多少则是另外的问题。除此正常形态的元首制外，还有两种元首制度：其一是英、日等国的虚位元首制；其二则是瑞士、前苏联和铁托之后前南斯拉夫等国的"集体元首制"。后面这两种元首制度，运用得好，可以收到事半功倍的奇效；弄得不好，则很容易成为制度怪胎，如前苏联时期因缺乏民主而标榜民主所实行的最高苏维埃"集体元首制"即是一例。即使撇开这一点不谈，个人元首制相对于集体元首制的好处也是很多的。正因为如此，美国当年的制宪会议上，终以八州比三州的悬殊票数否决了集体元首制及"设立参政会议以协同总统行使最高行政权"的建议案，确立了个人元首制，并且是拥有实权的个人元首制。[1]

近代虚位元首制最早产生于英国，是英国 1688 年"光荣革

---

〔1〕　参见许崇德：《国家元首》，人民出版社 1982 年版，第 30～31 页。

命"的产物。熟悉 1640～1689 年英国资产阶级革命—复辟（反革命）—反复辟（"光荣革命"）历史的人都知道，虚君元首制在英国的建立并不是理论上分析、比较、选择或设计的结果，而是新贵资产阶级在现实政治中因势利导所作的创制，是实践的选择。其目的是，在"国王在位，江山依旧"的外衣下，填充进去一个资产阶级掌握政权的实际内容。当然，这是一个很长的历史过程。就政治实践来说，它起源于 1640 年革命，终结于 1688 年宫廷之变；而就法制形成而言，则起源于 1679 年的《人身保护法》，终结于 1701 年的《王位继承法》，中间还有一个标志性建筑——1689 年通过的《权利法案》。这些法案，从保护资产阶级自己的人身安全出发，发展到限制和剥夺专断王权，最终确立了"议会权力至上"的资产阶级宪法原则，继而形成"国王统而不治"、"国王不能为非"、"首相主持政务"、"首相自行组阁"等宪法惯例和内阁对议会负责的"责任内阁制"（又称"议会制"或"议会—责任内阁制"）。[2]

虽然如前说过，英国的这一宪制并不是理论研究的产物，而是实践创造的结果，但在我们今天看来，撇开后面所要讲到的缺陷之外，它仍像是一个先验的存在，一种完美或近于完美的系统构造。

然而，值得注意的是，这种国王"临而不治"的虚君元首制，从一开始就是借助于"两党制"来实现的，其中一党是代表资产阶级化了的土地封建贵族利益的托利党，另一党则是代表工商资产阶级利益的辉格党。后来，经过保守党—自由党轮流执政阶段，发展演变为今天保守党和工党轮流执政的现代资产阶级政党制度。

不仅如此，今天，实行立宪虚位元首和责任内阁制的国家，

---

〔2〕 参见赵宝云：《西方五国宪法通论》，中国人民公安大学出版社 1994 年版，第 128～198 页。

在政党制度方面也都是实行的两党制、多党制或多党基础上"一党独大"的"派阀制"。如日本的虚君天皇制以及德国、印度、以色列等国的虚位总统"统而不治"的"责任内阁制",无一例外。

那么,虚君元首制为什么只能通过两党或多党制来实现呢?或者,换一个问题:虚位元首、责任内阁制能否在一个政党长期恒久执政的体制下良性运行呢?回答是否定的。

当年,英国的资产阶级并不是"为虚君而虚君",而是要借此将实权拿到自己手里,其办法是使名义上位居君主之下的首相取代君主本人成为实权人物,以便将其置于自己的掌控之下。也就是说,在直接形式上,"虚君"的目的是要"实相";而"实相"的目的,则是要便于由资产阶级占优势的议会来控制首相及其施政。至于立法,则由议会自己来完成,不允君主干涉,相反,君、相都只能在议会所制定的法律范围之内行事。另一方面,虽然"司法独立"是资产阶级革命的成果之一,且英国是一个习惯法和判例法为特征的国家,但议会所立的成文法仍具有修正习惯法和司法判例的效力,这本身也是一项确定的习惯法规则,并为判例所默认。这样,英国胜利了的资产阶级即可由此掌握全部实际的国家权力。

那么,议会是怎样做到控制首相,从而使资产阶级实际掌权的呢?这有一个办法,就是令国王提名议会下院选举中赢得席位最多的那个政党的领导人出任首相,如英王威廉三世在位期间(1690~1702 年),由于辉格党人控制着议会,威廉三世就"任命"辉格党议员德比伯爵担任枢密大臣,领导和主持枢密院政务,由此开辟了英王枢密院转化为责任内阁制政府的道路,进而形成特定的宪法惯例。

英国资产阶级的聪明之处在于,保留英王作为国家元首这样一件旧制度的外衣,可以大大降低革命和反复辟的成本或代价:既有英王在位依然,何劳好事者再推举一个国王来当政呢?

但是由于国王的职位是世袭的，如不将其权力虚化，革命也就失去意义。于是，就摸索出了这样一套有名无实的"虚设君主"制度来。

继英国之后，日本通过"明治维新"发展资本主义的结果，也走上了向"虚君实相制"演化的道路，但其过程要比英国漫长得多，一直到第二次世界大战后在美军占领下颁布新宪法才得告完成。

需要指出的是，由于英、日等国虚设的君主元首是职位世袭的，这就使其虚君元首制具有一定的历史必然性和现实合理性。相比之下，那些元首同样由选举产生并定期更换的国家（如前述德国、印度和意大利等国）也将其元首权力虚有化，就不是那么必要和顺理成章了。然而，社会主义国家既无世袭君主，亦无两党或多党轮流执政的现实基础，照搬外国的"虚位元首制"的结果，势必搞成与前苏联"集体元首制"同样的制度怪胎。之所以如此是因为，在两党或多党竞选执政的情况下，虚位元首可以很容易找到其所应提名为首相或总理的人选，即先找到本次议会选举中赢得议席最多的那个党（在日本则通常是要找到自民党内实力最大的那个派），然后再在该党（或该派）当选议员中找到该党（该派）领袖或最具实力的该党议员。这样，无论是该党议席过半从而可以单独组阁，还是尚未过半而需要组织联合政府，由当选议员最多的那个党（派）的领袖或其实力派议员出任阁揆，都是最容易获得议会通过、也最能体现议会民主的。

社会主义国家就不行了。在社会主义条件下，由于只有一个党居于领导地位长久执政，这样，不管是像前苏联那样实行"一党制"，还是像我国目前这样实行"一党主导，多党参政制"，在议会（苏维埃）或人民代表大会上当选的元首一旦虚有其权，则处于实权地位的总理一职当提名何人出任就有问题了。

毫无疑问，在这种情况下，实权总理的提名之权必然落入某个或某些势力（个人或组织）之手，且提名过程必然游离于人民及其代表的视野之外进入"暗箱操作"，或干脆转移到别处进行幕后交易。这与社会主义民主法制建设的要求，是背道而驰、格格不入的。我国现行的虚位元首制之所以要改革，其原因就在这里。

二、几种实权元首模式比较与我们的选择

我们研究实权元首制的目的，主要是为我国的社会主义民主法制建设寻找最佳实现形式。因此，虽然历史上的奴隶和封建帝制（如古罗马和中国古代的帝政制度）也是典型的实权元首制，但是由于其专制主义特征与民主政治水火不容，故尔不在我们的论题之内。这一点确定之后，现在所要研究和比较的对象就限于当今世界上最典型的几种实权元首制模式，那就是美国为代表的（完全）总统制和法、俄为代表的半总统、半议会制（或曰"总统主导下的责任内阁制"）。

美国元首制模式的特点是，总统与政府首脑合一，不另设总理。这一模式的产生，与孟德斯鸠，特别是洛克的分权学说，直接相关。总统领导的联邦政府是国家行政机关，与国会的立法权和联邦法院的司法权三者并立，形成相互配合、相互制衡（check and balance）的关系。当然，由于行政事务本身的特点及 20 世纪 30 年代以来国家干预社会经济生活的范围扩大、责任加重的现实，以总统为代表的行政权在此过程中不断扩张，其地位和重要性相对于立法和司法两权愈益突出，已与当初设计的理想模式不完全同。当今世界上，属于美国模式的还有南非、埃及、印尼、菲律宾、墨西哥和拉丁美洲的一些国家等。

美国元首制模式的优点，在于总统权力大。除不能解散国会并受其制约外，一人揽括了总统、总理两人的职权，军事、外交、内务各方面无不在其统一的管辖之下，因而有利于高效

行政。然其缺陷也在这里，即缺乏必要的缓冲环节和减压机制。比如，当政府施政中的错误、不当超出某一部门的责任范围时，就不能通过保持元首稳定不变条件下的政府总理辞职或撤换总理来加以消除。一旦闹大，就可能出现总统被弹劾，由副职接任这样较大的政局变动；万一副职也牵连进去，事情就更糟了。

　　与此不同，法、俄等国的半总统制则兼具总统制和议会制二者的优点。属于这种元首制模式的还有韩国和葡萄牙，后者的总统权力似乎不及法、俄、韩三国体制下的总统权大，但韩国总统的权限在某种意义上更接近于美国模式。单就法、俄两国典型的半总统制比较而言，俄罗斯现行宪法（即1993年"十月事件"后制定的"叶利钦宪法"，1993年12月12日经全民公决通过生效）所确立的元首体制授予了总统更大的权力。

　　具体说来，就总统有权解散议会而言，俄、法、葡三国元首的权力都大于美国总统，因为后者根本无此权力；就解散议会时所受制约而言，俄罗斯联邦总统的权力最大，他可以依法独立作出解散国家杜马（议会下院）的决定，无需同总理、两院议长、其他个人或组织磋商（与身边顾问商议与否，不在此限）。此外，俄总统发布的命令无需经政府总理或有关部长副署，除违宪违法者外具有当然的法律效力，可直接在全联邦境内施行；总统可以个人决定国内外政策的基本方针，可以随时撤换总理（即根据自己的动议决定政府辞职），或当政府不受议会信任时决定政府的去留（同意其"去"的办法是接受辞职，而"留"的办法则是解散议会下院重选）。

　　对于俄罗斯的元首体制，曾有许多人提出批评。如美国前总统里根任内的国家安全事务助理布热津斯基就这样写道：

　　"叶利钦总统的极权主义倾向使得建立民主俄罗斯的新宪法

变成一份能够轻易用来使个人独裁合法化的文件。"[3]

笔者认为，虽然"叶利钦宪法"授予俄总统的权力确实过大，有个人专断和为所欲为之嫌，但仍在民主宪政的范畴之内，与专制政治不可同日而语。1999 年 12 月 31 日，叶利钦发表电视讲话，宣布提前半年辞去总统职务，由时任政府总理的普京兼任代总统。次年 3 月，俄提前举行总统大选，普京以高票当选，正式成为俄现行宪法下第二位联邦总统。这一事实表明，总统毕竟不是现代君主。

但叶利钦下台后，他所留下来的这一"叶利钦（宪法）体制"，确实是有问题的。其最大问题或真正的危险在于，议会两院（国家杜马和联邦委员会）对元首的监督制约机制乏力：一是没有罢免权；二是虽有弹劾权，但弹劾条件及程序要求过于严苛，有形同虚设的可能。

比如，在弹劾条件方面，该宪法废除了此前《俄罗斯联邦—俄罗斯宪法（根本法）》关于弹劾总统的根据是"违反俄罗斯联邦宪法、俄罗斯联邦法律以及俄罗斯联邦总统誓词"的规定，而将弹劾根据仅仅限定为"犯有叛国罪或其他重罪"。这样，"违宪"就将不再是弹劾总统的理由了，违法和违背誓约更是不再受议会弹劾的威慑了。试想，弹劾的门槛定得这样高，一个总统犯"叛国罪或其他重罪"的几率是何等小啊，而一个大权在握的实权元首一意孤行，违宪、违法、违纪、违背誓约和为所欲为的可能又是多么大啊！一个宪法体制对此没有必要和有效的防范，又是一件多么危险的事情啊！

当然，也不是没有任何弥补办法。办法之一是，可于将来必要且条件成熟时，通过修宪从根本上加以解决；办法之二是，利用宪法法院的宪法解释权，将总统的违宪行为解释为"其他

---

〔3〕〔美〕布热津斯基："不成熟的伙伴关系"，载美国《外交》1994 年第 2 期。

重罪"（甚至"叛国罪"）的表现之一也未尝不可（缺点是有点牵强附会）。现在的问题是，叶利钦当时为了摆脱议会两院的弹劾威胁，故意将对"犯有叛国罪或其他重罪"的弹劾程序规定得超常累赘和繁杂。难怪该宪草公布后，公决生效之前，就有人提出批评和警告说，"尽管规定了弹劾总统的制度，但细节方面的规定使弹劾不能实现"。[4]

这里，我们之所以不厌其烦地讨论俄联邦宪制问题，目的只有一个，就是要为我国未来的元首制度改革，确定一个可资参考的最佳蓝本。一方面，我国未来的元首制应当吸收法俄模式之所长，除不允其解散全国人民代表大会和全国政协外，应授予元首尽可能大的实权，以与社会主义民主政治建设的要求相吻合；另一方面，一定要避免法俄模式之弊，特别是俄罗斯宪制中议会对总统的违宪、违法、违纪、违誓缺乏有效监督制约的弊端——其办法是，增加罢免权，以违纪、违誓、失职、渎职、用人不当、监督失察、主政失误而给国家和人民造成损害以及个人生活不检点或其他道德缺陷为罢免根据；同时，以违宪、违法、叛国及其他重罪为弹劾根据，将其免职并追究责任。

现在，有一个问题需要回答：为什么法俄模式的实权元首制可用来为我国的社会主义民主政治建设服务呢？这要从实权元首制的特点分析着手。

实权元首制的最大特点，在于其政治体系是"元首主导型"的。相应地，一个国家的当选元首隶属于哪个政党，哪个党就是该国的执政党。换句话说，一个党的党员（通常为该党的实际领导人）一旦当选为国家元首，那么，即使出现议会两院均不在本党议员掌控之下的情况，也可通过总统对政府首脑的

---

[4]《真理报》[俄] 1999 年 11 月 11 日，转引自许崇德主编：《宪法学》（外国部分），高等教育出版社 1996 年版，第 344～345 页。

"提名权"、向议会提出法案、议案及其他人事任免案的"提案权"及于必要时对议会自行通过的与本党纲领路线不符的法案、议案拒绝签署公布的"否决权"来贯彻或保卫党的纲领、路线,实现党所代表的阶级的意志,从而达到执政目的。

具体说来,就其对总理人选的提名权而言,由于这项权力是法定的,且主动权操在总统手里,议会两院至多只能否定其对某个特定人物的提名,而不可能否定所有的提名或总统的提名权本身(总统向议会提出的法案、议案及其他人事任免案之所以多数能得以通过的机理和原因,亦大致类同);而就对议会自行通过的与总统所在政党纲领路线不符的法案、议案的否决权而言,其有效性在于,通常情况下,要想推翻总统的否决,议会两院必须先后各以 2/3 多数票再次通过原案,而这绝不是轻而易举之事,除非该党在议会选举中连 1/3 的席位也未拿到(后者的可能性比前者更小)。而在本党所占议席超过 1/3 的情况下,如果仍出现总统的否决权频遭议会推翻的情形,那就说明总统及其主导的政府施政之不得人心已经到了如此地步,以致议会两院中他的本党同志也对其倒戈了。果真如此,则将其推翻就是一件好事,是民主的要义所在,我们又何不乐见其成呢?

总体来看,实权元首制的长处有三:

第一,元首的当选本身就是民心民意的反映。这样,元首制度的民主化本身,包括元首的竞争选举(完全可以在法定执政党内部竞争的基础上进行)及议会作为民意机关对元首应有的监督制约,就是民主的集中体现,因而意味着政治民主化的目标可借此实现。

第二,元首对政府首脑的提名,可以不依赖于议会选举中各党的得票情况,仅凭元首自己的判断即可。至于通过批准,则不过是经由议会再"把"一道"关"罢了,因而意味着更多一道安全屏障,对于元首依法正常地行使职权则利大于弊而没有威胁。

第三，万一出现"议会第一大党"不是执政党，而是其他不友好政党那样的情况，也不可怕，因为整个政治体系的主导权仍在元首手中。元首和政府在施政中受其掣肘是在所难免的，但操作得好仍无大碍。

显然，这样的元首制模式完全可以与我国的社会主义民主要求相兼容。比如，元首的竞争性差额选举，可以在中共中央政治局常委为法定候选人的基础上进行；元首对政府总理的提名可以限定在中共中央政治局委员或常委的范围之内；全国及地方各级人民政协委员会的名额可由宪法规定51%划给中国共产党，49%划给其他各民主党派（由其通过竞争分配）；全国及地方各级人民代表大会代表的选举，则可依照宪法和法律的有关规定，按照法定条件下"人人平等"的原则来进行，等等。

这里，还有一点需要指出，就是我国未来的实权元首，在某种意义上应当比法、俄两国的元首更具强势地位才对，即应通过宪法直接规定：当选元首，可在宪法划定的范围内（如只能在中共中央政治局委员或者常委中间）任意和自由地酌定总理人选的提名，不必、也绝不能根据每次全国人大代表选举中各政党、派别或其他社会团体得票情况及其变化而被迫提名某人或不提名某人。这样，即可避免法国出现过的总统、总理"左右分治"（如现任总统希拉克当年就曾作为右翼政党"国民阵线"领袖出任总理，与左翼总统社会党人密特朗共治国家）的不利局面，以及俄总统普京2003年5月在发表国情咨文时被迫表态下届杜马选举后将提名议会多数党领袖出任总理那样的情况。[5]

当然，提名多数党领袖出任总理，肯定比提名少数党领袖

〔5〕 吕岩松："俄罗斯联邦政府轻松过关"，载《人民日报》2003年6月22日。

出任总理更民主一些。但这仅限于两党或多党轮流执政的资本主义国家（从法国"第四共和"运作的历史来看，多党制比两党制的情况更糟），而绝不适于社会主义的民主政体，已如前述。在这一点上，美国的实权元首制显然比法、俄、葡模式更好一些，因为在政府首脑由元首一人兼任的情况下，根本不怕国会多数席位为另一党占据。此时，从议会和责任内阁制的角度看，美总统作为政府首脑，实际上已经是组织了一个少数派政府。虽有不甚民主之嫌，但由于总统本身是民主选举的，也就无从责其不民主了。

这就对我们有很好的启发意义，比如，只要国家元首是民主选举的，并受人大、政协实际有效的监督制约，不能妄自尊大、为所欲为，那么，在此前提下给他再大的权力也不要紧，在合宪合法的范围内他提名谁当总理都行——万一通不过，再重新提名另一位合适人选就是了，不必太过受制于每次人大选举中各党实际得票情况而不能发挥能动作用。

总之，我国未来的元首制度，当以法、俄的半议会、半总统制（即总统主导下的议会和责任内阁制）为蓝本，兼采美国式总统制模式之所长，同时，考虑到我国独特的历史文化传统之背景或基础，以及现今社会主义的经济、政治、文化和社会制度之要求，创造出一种全新的中国特色社会主义强势实权元首制模式来。

三、中国元首制度的演变及其原因

中国应改行何种元首制度这一问题，前面的讨论中已有所涉及。现在，我们不妨从另一角度探讨一下新中国建立后为什么走上了虚位元首制道路的问题，然后再回到本题上来。

中国在历史上一直实行的是实权元首制，其向虚位元首制的转变，起于辛亥革命后建立的中华民国临时政府。南京临时政府成立之时，依《中华民国临时政府组织法》规定，实行的是美式总统制。其后，由于前北议和，袁世凯以孙中山让位大总统为交换条件逼清帝退位，而袁之为人早已为世人所知，南方革命党人为防范其专制独裁，始寄望于《临时约法》以制之，故在此约法中改采欧式虚位元首和责任内阁制。

此制之采行，虽必经孙中山先生同意，但也并不就是孙的本意，因他所主张的是"五权宪法"：国大之下，五权之上，有总统一职处于协调中枢地位——此为不同于今日法、俄"半总统制"之外另一介于总统制和议会制中间的新体制。当时，主张责任内阁制最力者为宋教仁。由于此制有减弱大总统独裁危险和贯彻议会民主精义的作用，终为临时参议院多数议员所接受。中山先生对此当然也乐观其成，虽然他本人认为节制袁氏集权还另有各省"地方自治"一法。

但此后的历史发展证明：①对袁的担心是正确的，防范是必要的；②《临时约法》及其采行的虚位元首和责任内阁制，包括后来颁行的《国务院官制条例》中关于"临时大总统令"须有国务总理和相关部会总长副署始为有效的规定，都没有用，不足以阻却袁贼窃国。这本身就说明了当时中国的问题并不在于国家元首实权与否（虚位元首制不一定就民主，实权元首制也不一定不民主），而是在于国民的民主意识尚缺乏上。中山先生曾说：

"须知民国何由发生，亦只发生于国民之心。其始因大潮流感受于少数人心理，由是演进及于多数人心理，而帝制以倒，民国以成。……（后）专制帝国几乎复活，此非徒袁氏之罪也，多数人不知自爱其宝，故强有力者，得逞于一时。"[6]

---

〔6〕 孙中山1916年7月13日演讲词，载《孙中山全集》（第2卷），中华书局1982年版，第348页；转引自王俯民：《孙中山详传》（下册），中国广播电视出版社1993年版，第886～887页。

显然，此言不仅是对袁贼窃国教训的认识和反袁胜利经验的总结，而且是对"人民一起来，专制就倒台"这一历史规律的揭示和肯定。"历史上常有惊人的相似之处"（马克思语）。1927 年北伐胜利后，定都南京的蒋家王朝也以不同的形式实行个人专制独裁。1946 年 12 月 25 日，没有共产党人参加的非法国民大会通过了《中华民国宪法》。但就是这样一部宪法，蒋介石也不愿遵守。一年多后，根据他自己发动的内战的需要，提请伪国大于 1948 年 4 月 18 日援引"宪法修改程序"通过了《动员戡乱时期临时条款》这一所谓的"宪法性"文件。而且，一实行就是四十余年！

蒋的这个《临时条款》，与 1914 年 12 月 28 日袁世凯操纵通过并于次日公布的《大总统选举法》虽不是一回事，却也有异曲同工之妙。

事实表明，袁、蒋独裁以及中间长达 10 年的军阀统治，其根本原因，在于尚未牢固确立起"人民主权"的宪政体制。但许多人却往往看不到这一点，误以为问题出在元首制度上，以为只要在宪法中将总统的实权加以削弱和限制就行了，或者，至多再辅之以地方自治，即可万事大吉。从孙中山先生到后来重庆谈判中我党出席（旧）政协会议的各位代表，脑子里装的都是这样一种思路。与其同时，却未顾及到：从宪政体制建设和完善的角度看，虚位元首制和地方自治权过大本身，对于国家统一、民族团结、社会稳定和人民福祉，具有多么大的潜在危害！

结果是，新中国成立后，同样出于对个人专断集权的担心和防范意识，加上 1936 年"斯大林宪法"及其修正版为前苏联"老大哥"确立的"集体元首制"的影响，我国的元首制度再一次走上了弱化、虚化元首职位和权力的轨道。

首先，1954 年制定颁布的新中国第一部宪法未规定谁是国家元首，只是规定"中华人民共和国主席对外代表中华人民共和国"（第41条）。而刘少奇代表宪法起草委员会向全国人大所作的宪草报告中则明确提出，"我们的国家元首是集体的国家元首"，又说，我国的元首职权，是由全国人大常委会和国家主席"结合"起来"行使"的。这样，就在历史上"创造"了一种"既非个人元首，又非集体元首；既是个人元首，又是集体元首"的独特元首制度，即学者们所说的"个人和集体相结合的元首制度"。[7] 这样，新中国第一部宪法就建立了一种不伦不类的混合元首制。

其次，1975年宪法和1978年宪法由于当时的特定历史条件和极"左"的社会政治氛围，未设国家主席，也未写明由谁对外代表中华人民共和国，只是将按例属于元首职权的某些权力分别授予中共中央（主席）和全国人大常委会委员长。这就比1954年宪法更退步了。

最后，1982年宪法，即我国现行宪法，正式恢复了1954年宪法关于国家主席的设置。这里，之所以说"正式恢复"，是因为此前全国人大已决议授予宋庆龄同志中华人民共和国"名誉主席"职位。这无疑是为恢复设置国家主席一职所作的一种试探，一种巧妙安排和舆论准备，收到了良好的预期效果。

1982年宪法也未提及谁是国家元首，而从整体上看则似乎恢复了1954年宪法所定的元首体制。但是同时，宪法第三章第二节对主席职权的所有规定，却未超出1954年宪法的水平，具体表现：

第一，它取消了国家主席的法案和议案提案权，在此基础上，规定除"接受外国使节"一项之外，其他一切职权都必须"根据全国人民代表大会和全国人民代表大会常务委员会的决定"行使。这就是说，依照宪法，主席个人没有任何可以主动

---

〔7〕 许崇德、何华辉：《宪法与民主制度》，湖北人民出版社1982年版，第91～92页。

行使的法定权力，因而不能发挥任何的主观能动性。这就与1954 年宪法有很大的不同，在那里，主席根据全国人大或其常委会的决定行使某些职权是以享有提案权为前提的。这样，虽说都可以算是"结合行使"元首职权的一种表现，但元首个人实际可以行使的权力在前后两部宪法中却是有着天壤之别的。

第二，国家主席不能依照宪法当然兼任国防委员会主席，没有对军队的统率之权。

第三，国家主席没有召集和主持最高国务会议的权力。因为，此宪法根本未设立最高国务会议，只有国务院全体会议和常务会议，其召集和主持权属于国务院总理或代总理。

更奇怪的是，这部现行宪法根本未规定应有的提名制度，即未规定国家主席对国务院总理的提名权，仅在关于国家主席职权的第 80 条中，规定主席根据全国人大或其常委会的决定任免国务院组成人员。此外，依据这部宪法而制定出的一系列"组织法"中，根本没有"国家主席办公厅"组织法（或"国家主席府"组织法）的地位。

以上情况综合起来，特别是从其中第 1 条（即没有任何施政主动权）这一点来看，当选的国家主席之难以"有所作为"，实与世界上任何一国的虚位元首无异。其以一国主席之尊，竟不如国务院任何一位副总理或部长、副部长，甚至任何一级地方政权体系中的党政官员之有能动性。

事实上，对于 1982 年宪法所确定的虚位元首制，经过李先念、杨尚昆两任之后，自 1993 年 3 月江泽民同志以中共中央总书记的身份兼任国家主席及党和国家中央军事委员会主席以来，在实践中已有多方面的突破：

表现之一是，媒体和江主席本人不止一次地提到或谈到"两国元首如何如何"、"五国元首怎样怎样"、"多少国家的元首在某时某地某个场合达成某种共识"等等。

表现之二是，1998 年 3 月朱总理任职和 2003 年温总理任职都是先由当选的国家主席向全国人大一次会议写信提名，然后再经表决和通过批准这样一种较为正常的法律程序。

表现之三是，1993年以来，我国元首曾不止一次地与外国元首共同签署双边或多边的国际法律文件，然后再拿回来交由全国人大或其常委会审议和批准通过，这是完全合于实权元首制度下的国际习惯的。

上述情况，宪法学上称之为"宪法变迁"，论争中也有学者称为"宪法的无形修改"（如张卫华等）或"良性违宪"（童之伟等对此已有评论）。实际上，宪法变迁是与宪法修改不同的另一种宪法规范的变动形式，即在宪法条文本身未变的情况下，随着社会生活的变迁，一个国家的宪法制度在实际运作中发生变化并且产生了相应的社会效果。也可以说，宪法变迁是对原本宪法规范一定程度的偏离或突破，它与宪法规范所要求的"宪法实现"构成一种现实而非理论上的冲突和矛盾。因此，从最严格的意义上讲，宪法变迁本身确实具有一定的"违宪性"，因而只有当此种变迁在性质、范围（数量）和时限三个方面都未超出一定限度的情况下，才是法理上正当和合理的行为。1993年3月～2003年3月，江主席在位10年间我国宪法所规定的虚位元首制向实权元首制的转化，即属此种"良性宪法变迁"现象。这些变化，由于并没有违反宪法（明文）的禁止性规定，而只是"于法无据"而已，当不属于一些人所谓的"良性违宪"。

但宪法变迁毕竟不如宪法修改。正如有学者所说的："在实现宪政理想的过程中，适当地采用宪法变迁是必要的，但变迁的时机和内容必须限定在一定的界限之内，并及时地把非正规的形式转化为正规的形式，以保证宪政的价值性与操作性的统一。"[8]

---

〔8〕 韩大元："宪法变迁理论评析"，载《法学评论》1997年第4期。

因此，笔者认为，必须赶紧抓住时机，认真地研究我国宪法之元首制度在现实中的变化，拿出切实可行的解决方案及时修宪，使规范、合法的强势实权元首制尽快、尽早地建立起来。

四、改革元首制要研究的几个具体问题

第一个问题是，我国的元首应怎样选举产生？

国外，为了加强元首职权的民意基础，特别是为了加强其与议会对抗的实力和资本，一般都采取直接民选制，其中包括美国以"总统选举人"间接选举之形式体现的实际的直接选举制（即所谓"委任直选制"）。元首直选制的最大问题，是人民及其代表对已经选举出来的元首的监督制约机制乏力。这当然不是说由谁选举产生的就只能由其来监督、罢免或弹劾（法律和法理上都无此一说），而是说，相比而言，由元首的选举者对元首进行的监督、质询、罢免或弹劾更顺理成章，更有理、有力，因而也更易于形成事前的威慑，使其不敢忘乎所以、恣意妄为。

从这样的角度考虑，我国不宜采行直接选举制，而最好由全国人大和全国政协全体会议的联席会议来选举产生国家元首。

从目前由全国人大单独选举，改为由全国人大和全国政协联席会议选举产生，就选举人的数量来说，由3000人增至5000人，扩大了民意基础；而就"质"或选举人的构成方面来说，人大代表以地域为单位，人民政协目前是以界别为单位，将来改革后拟以中国共产党和其他各民主党派为单位，将此二者结合起来，将能更全面、更有效地代表全国的民意、民心，反映各阶级、阶层、政党、派别或社会集团共同的意志和愿望。

从另一方面看，我国的人大、政协全体会议实行的是"大议会"年例会制，会期一般2～3周，其他时间全年闭会。这就可以避免西方国家"小议会"一年中多次开会情况下，如果元

首由议会选举产生的话，其对元首的正常工作势必干扰过频、威胁过大之弊。换句话说，我们可以在"大议会"闭会时，由分别由其选举产生的"小议会"（全国人大常委会和全国政协常委会）代表大议会"看住"元首，但又不赋予其罢免和弹劾之权，而仅于万分必要时召集大议会（即全国人大全体会议和全国政协全体会议）的"特别会议"来讨论罢免和（或）弹劾元首的议案并分别进行投票表决：罢免案各以过半数票通过即可，弹劾案则须各以 2/3 多数票通过始为有效。这样，就可以在"减少干扰"和"确保监督"两大目标间，保持一定的"均势"或平衡，避免和防止顾此失彼。

第二个问题是，元首应不应当有解散人大、政协并决定提前举行选举之权？

国外，为了解决元首所提名的总理人选一而再、再而三表决通不过，或者当议会对政府表示不信任，而元首根据自己的判断仍对总理有信心时二者的矛盾，一般由宪法授予总统在更换总理还是解散议会之间作出选择的权力，也就是授予总统以解散议会两院或一院（往往仅是其中之下院）的权力。但是，在我国，笔者认为，绝不能开这个口子：一则，中国是一个大国，全国人大代表有 3000 人之多，选举一次非常不容易，政协的组成也是一样，不能随便解散重来；二则，人大、政协任期 5 年，通常情况下这 5 年中民意基础发生重大变化的可能性很小，解散重选没什么意义，纯粹是给元首一个不惜劳民伤财以炫耀和滥用权力的机会罢了。因此，不可采行。但在此前提下，却可以考虑授予元首解散小议会（即全国人大常委会和全国政协常委会）并立即召开任期中的全国人大和全国政协全体会议分别进行重新选举的权力。这样做的成本或代价很小。而且，如果宪法和（或）法律授权全国人大常委会和全国政协常委会在人大、政协闭会期间对政府的施政提出不信任议案并各以过半或 2/3 多数票通过以迫其总辞的话，赋予元首以解散此"小议会"（两院）之权，就为元首化减危机、解决矛盾提供了更多一种办法、更多一条途径、更多一种选择，无疑是利大于弊的事情。

顺便说，全国人大常委会委员和全国政协常委会委员的选举办法，余以为可采取"随机分组，10 人一组，各推其一，大会认可"的办法。只有这样，从两三千人中分别选出二三百人才能做到公平、公正、合情、合理，才能真正体现民主，从而，解散了重选也才有意义。

第三个问题系由几个小问题组成，它们是：设不设最高国务会议？国务院常务会议和全体会议由谁召集并主持为好？国家元首是否应当、可以或必须出席并发表讲话？

这些问题看起来很小，实际并不小。其所以认为"小"，是因为在过去的虚位元首制度下，元首根本无须问政，这些问题当然都不成其为问题。而一旦改行实权元首制，就有一个怎样妥善处理"府院关系"以避免发生"府院矛盾"的问题了。

在国外，法、俄两国总统都有出席并主持政府会议的权力。会议的召集自然是总理的事，此时，他仅相当于一个办公厅主任或秘书长而已。葡萄牙总统不主持政府会议，但他依法有权撤免总理或者政府其他成员。葡国另设有一个"国务委员会"，是总统的咨询性政治机关（不同于古巴卡斯特罗为主席的国务委员会），由总统亲自召集、主持。而我们的邻国韩国的情况是：总统既是国家元首，又是政府首脑，但这个政府是由总统和小"行政府"加在一起构成的"中政府"，以别于包括立法、行政、司法三权的广义"大政府"。国务总理的职责是辅佐总统，并按照总统的命令"统管行政各部"，实为仅次于总统的第二号行政首脑。韩国还设有国务会议，是总统的辅佐机关和政府政策审议机关，由总统、总理和国务委员组成，总统、总理分别为其议长和副议长。这样，国务会议的召集和主持权也自然是属于总统的了，国务总理只能根据总统的委托和授权才能召集并主持国务会议。

毫无疑问，每个国家都应有适合于本国国情的独特制度。就我国来说，国家那么大，事情那么多，元首和政府首脑都会有分属于自己的一大摊子事务要管，担子都不轻，有两个积极性去管就比只有一个积极性要好。如果宪法也规定由元首来主持国务院的会议，总理没有自己的主动权和积极性，那就势必出现许多事元首管不了也管不好，而总理却因无权主动管理而懒得去管，只能坐在那里等着听候元首的安排和指挥。这样的话，各项国家事务的处理必然会日积月累，乱成一团糟。所以，现行宪法规定国务院全体会议和常务会议由总理召集并主持，是正确的。

但是同时，根据改行实权元首制以后的情况，有必要通过立法补充规定，总理若召开国务院会议，应事先与元首通气（进行沟通），共同商定会议的议题、议程和内容，并征寻元首有无出席会议并发表讲话的意愿：如果元首有此意愿，应将其加进议程中去；如果元首想到会听取情况，再即席讲话，亦应为此作出安排；如果元首对会议议题很感兴趣，但却因故不能出席，总理可将其意见记下，作为指示在会上传达，或者，必要且可能时，更改会期，以遂其心。总之，总理召开国务院会议应尽可能取得元首的理解和支持，并对其意见和"建议"予以尊重：该贯彻的贯彻，该落实的落实；实在不合适的，总理也可不必拘泥，而以敢于负责的态度根据自己的判断独立自主地作出决定，即以变通之法"创造性地贯彻执行"元首意图。但这样做时，于一事之前，能请示则请示，能论争则论争；于一事之后，则及时回话，真心诚意地解释说明，争取得到谅解和宽容，而绝不能一意孤行，激化矛盾。因为，毕竟实权元首体制下的"责任政府"是要同时对元首和民意机关双重负责的。当然，元首本人也是要对大、小议会和全体国民负责任的，而政府对元首负责并报告工作也正是元首对大、小议会和全国人民负责的一个前提。否则，像英国、日本的虚位君主那样，政府不对他（她）负责，他（她）也不对议会负责，正好两清——是个平账（低水平的）。而实权元首制下要想在高水平上"扯平"，就必须要求政府向元首也负责并报告工作。所以，我认为，未来改革之后的国家元首对于总理不仅应有"提名权"，而且应有"撤免权"，可像叶利钦当年那样随时撤换任期中的政府总理或其属下任何一位内阁部长（如果能像普京那样有此权力而不轻易用之，则为更好），以及当人大常委会和政协常委会对政府投不信任票时，还有是否接受其总理辞职的"酌定权"或选择权。这是"元首主导的责任内阁制"与完全的"议会——责任内阁制"不同的地方。

除此之外，实权元首体制下，还有几项须在宪法上作出安排：一是恢复设立"最高国务会议"，但应与 1954 年宪法所规定的体制有所不同，而由人大常委会正副委员长、全国政协正副主席、国务院正副总理和国务委员以及司法两院（最高法院和最高检察院）正副院长等出席，元首召集并主持；二是设立"国家安全会议"，也由元首召集、主持，其他成员为正副总理、国务委员、国防部长、外交部长、法务部长、公安部长、国家安全部部长、军队各总部和武警总部的主要首长，以及其他强力部门的主要首长等；三是设立"最高党政廉政公署"，由元首直接领导，专门负责对全党全国的纪检、监察、审计系统以及检察机关的反贪系统进行统一的监督、制约，这样，它就与我国香港的此类机构不同，不是直接监督官员，而是对那些监督官员的人加以监督和约束，并对其违法、违纪、失职、渎职案件依法独立侦办和查处。

第四个问题是，元首的副职应设几位，怎样产生？

世界上多数国家都只设一位元首副职，还有少数不设副职的，如俄罗斯 1993 年"十月事件"后通过生效的"叶利钦宪法"就取消了原有的副总统一职，还有像英国、日本、丹麦、瑞典、挪威、西班牙等国的虚君元首也都自然没有副职。由于世界上多数国家的宪法中都有"总统缺位时，由副总统继任"的类似规定，我们就有必要考虑一下各国通例，设两位元首副职，其中一位为普通副职，另一位为第一副职（国家第一副主席或第一副总统）。然后，才可以规定"元首缺位时，由第一副职继任，第一副职亦缺位时，由副职暂时代之，于限期内（一周或 10 日可否？）由全国人大常委会和全国政协常委会负责召集全国人民代表大会全体会议和人民政协全国委员会全体会议的联席会议，补选新的国家元首和第一副职"。

为了保证我党政权不在更迭中丢失，宪法还须明确规定：与元首结伴竞选副职者，必须是中国共产党中央委员会委员（但不得是中央政治局常委，以免常委中剩下可以参加元首职务竞选者人数过少）；如因元首缺位而继任元首，则为当然的中央政治局委员、常委和第一书记（或第一主席），全面替补缺位元首的职位。

第五个问题是，改革后我国强势的实权元首，究竟应叫什么为好？

国外，除天皇、国王（或女王）、苏丹、酋长等名目外，绝大多数国家的现代元首都是称作"总统"（the President）的。

有趣的是，台湾统一企业的注册商标——"统一"二字，英文也是 Presidency，即总统的职权或任期。我们不知道当初设计者其意何在，是否是说，当海峡两岸同归为一位"总统"治理（under the leadership or governance of one president of China）时，中国统一的目标就实现了？不得而知。姑且暂作这样的理解吧？

事实上，我们的"国家主席"一词，对外翻译时用的也就是"总统"（President）字样。当然，人们也可以辩解说，这个词在英文中并不仅指作为国家元首的"总统"一职，它还可以指公司董事长、银行行长、大学校长，甚至可指会议的主席

（相当于 Chairperson）以及学会、协会等社团的会长等。但是，笔者认为，当用于翻译我们的"国家主席"时，它确定无疑地只有一个含义，那就是"总统"，而绝不可能有任何其他的意思。既然如此，既然对外宣传能称作"总统"，那么，对内，对国人，当需要用自己本国的母语来加以表达时，为什么一定要忌讳或回避"总统"的称谓呢？

所以，笔者认为，我国的"元首"——国家主席，无论改为实权还是保持（即回到）1982 年宪法规定的虚职，都可以且应当改称为"总统"。从某种意义上说，将"国家主席"一词改称为"总统"，比将虚位元首改为强势的实权元首，要容易得多。

现在，人们到处在谈论"与国际接轨"。那就不妨在此问题上也与国际通例接一下轨吧？这方面的国际通例是：党的领袖或最高领导人，一般称作"主席"（具体包括"党主席"、党的"全国委员会主席"或"中央委员会主席"几种不同模式）或者总书记，也有的同时设有主席和总书记，后者相当于中央办公厅主任或秘书长；而国家的元首，则绝大多数称之为"总统"。在这样一些非原则性的细枝末节上，即使完全与国际接轨，又有何妨？

第六个问题是，究竟是由党代表大会、人民代表大会分别选举产生党和国家各自的中央军事委员会，再由其分别决定各自的主席人选好呢，还是由党章和宪法直接规定"国家元首兼党中央第一书记（或第一主席）为党和国家两个中央军事委员会当然和统一的第一主席（且上届第一主席履行职务到下届第一主席接任为止）更好一些？

国外，为了国家政权的安全起见，一般都规定实权元首兼任海、陆、空三军总司令，统率全国武装部队。我以为，这是对的。中国自古以来，就有弱枝以强干之说。凡兵权旁落而元首掌握不了军队的，都是"国乱朝纲、百姓遭殃"，历朝历代无一幸免。因此，为了国家安全稳定，也有必要将最高兵权集中授予党和国家两个中央军事委员会之当然和统一的第一主席：没有他的指示和命令，任何人不得擅自调动军队；否则，必以军法严加惩处。现在，我们党和国家两个中央军委主席被选举产生出来的时间相差好几个月。在此两个职务终由一人兼任之前的这段时间里，完全有可能出现两个中央军委主席职务分别由两个不同人担任的情况。目前，我们解决这一问题的办法是其中一个军委主席提前自动提出辞职，但党章和宪法又并未对此作出规定。这是非常危险的，应当引起有关方面足够的注意和重视，并尽早采取措施加以补救。

当然，除了前面所说设立二合一的"第一主席"这一方案外，还可以考虑其他办法，比如，同时撤销两个中央军事委员会，改采外国体制，即由宪法规定"元首兼任海、陆、空军总司令，统率全国一切武装力量"，这实际上是部分回复到1954年宪法体制，只是那时实行的是国家主席兼任国防委员会主席，统率全国武装力量。

此两种方案，何者为优？余以为，二者皆可，无所谓优劣，关键是看将来修宪时"草委"们及国民中多数人的倾向性：如倾向于尊重传统，可采部分恢复1954年宪法体制之方案；如倾向于尊重现实，当在现有的党和国家两个中央军事委员会之上，设立共同的第一主席，由国家元首兼党中央第一书记（或第一主席）当然任之。

五、苏共下台、前苏联解体与总统制何干？

现在，有一个疑点需要解开：当年戈尔巴乔夫在前苏联推行政治改革时，曾建立过前苏联人民代表大会制，由人代会选举产生最高苏维埃作为人代会的常务机构（相当于常设议会），戈本人任最高苏维埃主席。过了一段时间，觉得不过瘾，又改行总统制，并且是实权总统，可通过政府而不是党的系统直接向全国发号施令，由此撇开了苏共中央政治局，摆脱了党的束缚，虽仍兼任苏共中央总书记职务，但除开会外已不大到这边上班，而是绝大部分时间呆在总统府那边。于是后来，就发生了"八·一九"事件，戈尔巴乔夫被软禁，再往后就是他重获自由后与叶利钦一起解散了苏共并宣布其非法，再往后就是前苏联解体和各加盟共和国独立。现在的问题是：所有这一切，究竟是不是总统制之过？或者说，戈氏改行总统制，在其中究竟起了多大作用？

毋庸讳言，如果不实行总统制的话，戈的全部权力来源于党，他只有作为苏共中央总书记，才能领导前苏联。无怪乎改制之前，我国媒体报道戈氏时总是称其为"前苏联领导人戈尔巴乔夫"。事实上，这是一个暧昧的称谓，因为"前苏联"是一个国家，而"苏共"则是一个党。由于当时戈尚未担任国家职务，本不应称为"前苏联领导人"，而只能称"苏共领导人"，或者干脆如实地称其为"苏共中央总书记戈尔巴乔夫"更好一些。但是由于当时前苏联严重的"以党代政"现实，称其为"前苏联领导人戈尔巴乔夫"也不为过。问题是，以党的领导人之名，行国家领导人之实，其弊何在？以余之见，最大的弊病就在于：党一旦选举产生了自己的最高领导人，这个人就是当然的国家最高领导人，结果是，人民及其代表不能当家作主，不能在谁当国家最高领导人问题上有任何的选择余地，一句话，不能掌握自己和国家的命运。

由此看来，创制召开前苏联人民代表大会，由其选举产生最高苏维埃作为常务机构，选举产生总统作为国家元首，这是完全正确的，是国家政治生活民主化的正道和必由之路。

问题在于，一个与时俱进的马克思主义党在此改革中及改革之后的领导地位，不是可有可无的。总统制的实行，为戈氏摆脱中央政治局和摆脱党创造了条件，这是实情；但总统制的实行，并不必然要以摆脱政治局和摆脱党为前提。也就是说，戈尔巴乔夫在当上总统后，完全可以继续依靠中央政治局来领导全党，并通过全党来领导国家，巩固政权、维护统一。

笔者这样说，并不是主张仍旧像过去那样把依照宪法属于总统职权范围内的事情拿到中央政治局去讨论决定，自己完全做一个傀儡；或者相反地，个人凌驾于组织之上，做一个斯大林那样不受党员和党代表大会监督制约的特殊党员。不是的，我认为，一个健康的党政关系体制以及元首与国家、领袖与政党的关系体制应当是这样的：

首先，党对国家政治生活的领导权应表现在，只有此一个马克思主义党为国家的法定执政党。该党作为前苏联工人阶级统一的政治代表，在向市场经济转轨的过程中及转轨之后，随着政治力量多元化苗头的出现，更是必须始终坚持无产阶级专政，不与任何其他的阶级、阶层、政党、派别或社会政治集团分享领导权和执政地位，也就是，在前苏联人民代表大会上报名参加竞选总统的人，必须是此前党代会上竞选获胜而当选的苏共中央政治局委员或者常委、书记、总书记等人，与其结伴竞选副总统的人也必须是苏共中央委员或政治局委员。不仅如此，任何时候，"在任总统"一旦失去其竞选总统时所应具备的此种政治资格，也就同时自动丧失其作为元首行使职权的前提和基础，更不用说被苏共开除出党或自动脱党了。

其次，在此前提下，总统一旦当选，即兼任党的最高领导人，将领导国家与领导本党结合起来。这样，一方面，作为总统，他可以正当、合理地不经中央政治局讨论，直接向人代会提名总理；人代会闭会后，则核准总理准备向最高苏维埃提出的政府组成人员名单，并行使其他元首职权，等等。在此过程中，总统主导的政府受最高苏维埃的监督、制约，而他本人则受人代会的监督制约；人代会闭会期间，总统可由最高苏维埃代为"看着"，必要时最高苏维埃可投票决定召集前苏联人民代表大会的特别会议来讨论罢免或弹劾总统的议案。这就比改行总统制前戈尔巴乔夫亲任最高苏维埃主席的体制要好多了。

另一方面，在党内，总统作为总书记或第一书记（第一主席）领导全党。此种领导得力、得当与否，党员、党干的教育、培训及成长情况如何，党在社会生活各方面的影响力、战斗力及政治形象如何，各级各类国家机关中工作的党员干部其至普通党员的清正廉洁情况如何，全党同志团结奋斗的精神状态如何，以及最重要的，党组织和党员队伍的工人阶级先进性、纯洁性如何，所有这一切，直接关系到他能否继续得到全党同志的信任和拥戴。

当然，与国家元首的职权不同，党内领导体制是委员会和合议制，即集体决策下的个人负责制（又称"党内民主集中制"）。在这一制度下，如果真正落实而不是像斯大林时代徒有"民主集中"之名，而无"民主集中"之实的话，所有有关党的事业的重大问题，都须经由中央政治局讨论决定，且讨论中不能搞一言堂，投票表决时不能搞形式、走过场，更不允许个人说了算。这样，所谓党内"一把手"，也就只能是中央委员会、中央政治局及其常委会这班人马（领导集体）的"班长"而已。

但是，在一个确立了党内民主基本规则的环境中，如果国家元首对其所兼党内职务不负责任，玩忽职守、掉以轻心，或者违反党纲、党章、党规、党纪，党的组织、党代会和党员群众是一定可以将其免职或者开除的。那样的话，依照宪法的直接规定，他将因丧失担任元首的前提条件而自动失去元首职位，提前结束政治生命。在这样一种完善的体制下，像戈尔巴乔夫那样肆无忌惮地损害党的事业、背叛党和工人阶级，一步步把党引导到自取灭亡境地而不受遏止、不受惩罚的情况，是绝不会出现的。

由此可见，一个人身兼党和国家两个"一把手"的职务，其权力大了，责任随之加重，相应地，被追究责任的概率或可能性也大了：既可能先在国家这边被议会（最高苏维埃）和人代会弹劾、罢免，让位于本党其他同志来干，并随之失去其在党内的一把手职位；也可能先在党内失去中央政治局委员、常委职务甚或丢掉党籍，因而依法自动丧失其在国家这边担任元首的前提资格。也就是说，一个人一旦党和国家的两副担子一肩挑，也就应受到来自两方面的监督制约，更确切些说，处于两个"否决权"的威慑之下，其中任何一项否决权的成功行使，都可以使其两边的职务先后免掉。这是必要的。但是同时，从党政分开、党政有别的角度看，两个否决权的监督范围都应依法严格划定，而不能互相针对另一否决权所监控的领域交叉行使。

从这样的观点看问题，则我们对戈尔巴乔夫任总统后行使有关国家事务方面的权力不经中央政治局讨论而只对前苏联人民代表大会负责这一点，就不应予以指责，因为，这是他法定职权范围内的事情，是政治民主化和国家机器健康运转的需要，不能、也不应当容许党来插手或干扰，更不能启用党内监督机制来兴师问罪。如果说这也算是个人"专断"、"专制"、"独裁"的话，他实行总统制前，斯大林、赫鲁晓夫、勃列日涅夫等人虽无总统之名，不是比他这位实权总统更甚许多倍吗？

显然，戈尔巴乔夫的真正错误（或者说罪过）不在这里，而是在于他放弃了社会主义科学和科学社会主义，改行"民主的人道的社会主义"（即以民主、人道之名，行"非社会主义"之实）；在于他背叛无产阶级专政、向资产阶级和资本主义势力缴械投降；在于他修改《前苏联宪法》第6条，拱手让出工人阶级的领导权和党的法定执政地位。所有这些，导致党的事业受损并最终被解散；而前苏联国家的解体，以及他本人的随之倒台，也正是他与叶利钦联手搞垮党的自然结果。前苏联共产党的存在对于维护国家统一、社会稳定的意义和重要性，由此可见一斑，虽然这个党本身及其主导的国家体制都很早就有了彻底改革之必要。

前前后后的事实表明，正是在戈尔巴乔夫的纵容、支持、引导和策动下，一些在过去旧体制下受到压抑或不公正待遇因而对党和社会主义有怨气者的不满情绪不断膨胀。这种情绪，从打开了的"魔瓶"中一泄而出，与党内、国家政权内和国有企事业单位内一些人对西方资本主义生活方式的追求、向往之心结合起来。与其同时，国内外的反苏、反共、反社会主义势力也相互勾结、遥相呼应。所有这一切，共同形成为一股不可遏止的巨大潜流，超出了戈尔巴乔夫本人的控制能力。到后来，连"民主的人道的社会主义"这面旗帜也不愿要了，竟然发展到要将前苏联国名中的"社会主义"一词取消，代之以"主权的"一词，因为正好这两个词在英文和俄文中的缩写字母都是一样的。于是乎，"苏维埃社会主义共和国联盟"（英文缩写USSR，俄文缩写CCCP）就变成了"苏维埃主权共和国联盟"。虽然还是 USSR 和 CCCP，但"社会主义"的字样已不复存在，其"非社会主义"和反社会主义的意图昭然若揭。正是在这种情况下，以副总统亚纳耶夫为首的一些人成立了"国家紧急状态委员会"，发动了不成功的"八·一九"之变，客观上加速了苏共倒台和前苏联解体的历史进程。事后来看，事与愿违。

就其最为直接的原因讲，是"亚纳耶夫政变"及其失败促使戈尔巴乔夫和叶利钦作出了解散苏共并宣布其"非法"的决定，进而引起前苏联解体；而导致"政变"失败的原因，又是"国家紧急状态委员会"及其行动不得人心，突出表现在军队不服调动、不听指挥和倒戈相向上。这种情况的出现，可以理解为是军队忠于党、忠于国家的表现，因为被软禁的戈尔巴乔夫是党的领袖和国家元首，是军队的最高统帅，而"国家紧急状态委员会"成员中虽有副总统、国防部长和内务部长等人，但都不是正统和权威的代表。然而，换个角度看，也可以说是前苏联搞社会主义七十余年不成功的结果，是对原"斯大林体制"下经济、政治、文化和社会生活各方面缺乏民主、自由的一种矫枉过正的反应，是历史性的总清算和总报复（等于斯大林们签单吃饭，而由戈尔巴乔夫结账付款，包括为当初打碎的器皿和其他物品加倍赔偿）。因为后来，当其党也垮台、其国也解体时，原来那些站到叶利钦一边支持恢复戈尔巴乔夫自由的军人们并没有任何上当受骗、追悔莫及的表示。相反，他们和全国人民一道，非常平静和理智地接受了苏共下台、前苏联解体的现实，没有任何抗议、反对和游行、示威的行动，与"八·一九"事变中的表现形成鲜明的对照。

这就说明，苏共下台和前苏联解体，在当时是多多少少"得人心"的，是各种广泛的社会因素和各种深刻的内外矛盾相互交错而共同起作用的结果，是历史弯道上的必然。从国际共产主义运动的历史进程来看，"斯大林体制"及其恶果也不是任何一个人所为，而是社会主义从空想到科学、从理论到实践、从抽象到具体、从扭曲到正常、从幼稚到成熟、从初级到高级、从渐变到飞跃、从小康到大同这一发展总过程所注定了的"有此一劫"，是通向未来光明前途的一段必经的历史性（昏暗）隧道。

以上所说，并不是宣扬什么历史宿命论，而是要说明苏共下台和前苏联解体都与戈氏改行总统制没有干系：既不是其主要原因，也没有起重要作用，至多只有一些直接和表面的联系。如果因为前面改行总统制，后面就出现苏共受冷落、受削弱、被边缘化、遭解散并导致前苏联解体等一系列连锁反应而认为是总统制之过的话，那么，也可以说小猫、小狗刚一出门就全楼停电、停水、刮风、下雨是这两个宠物出门玩耍所惹的祸。这是小孩子们常会有的"不当联系"。搞科学研究的人，也最怕这种"不当概括"和"不当总结"。

总之，前苏联在戈尔巴乔夫时代改行总统制后不久就出现苏共下台和国家解体的历史悲剧，就直接原因来说，其过不在于改行总统制，而是在于修改宪法，取消其第 6 条关于苏共领导权之作为上；至于非直接原因，则"冰冻三尺非一日之寒"（Rome was not built in a day），到戈尔巴乔夫接手时，已多少有些积重难返了。

再者，从另一方面说，如果不是戈尔巴乔夫改革失措导致苏共下台和前苏联解体，而是继续沿着斯大林—赫鲁晓夫—勃列日涅夫的路线走下去的话，苏共下台前就受冷落、受削弱、被边缘化和终遭解散的可能性很小，而"高耸如岳，突然崩塌；霸道之极，一朝覆亡"的危险性更大、损失也更惨些。

笔者这样说，并不是要为戈氏改革之误辩护，而是要说明"两利相权取其大，两害相权取其轻"的道理。可以说，在当时的前苏联，既已积重难返，主政者一开始就处于狭窄的两难境地之中：改革失误不行，不改革也只有是死路一条。因此，剩下来惟一正确的出路，就是在正确理论指导下进行正确的改革。这出路就是，政治垄断竞争与宪法革命。遗憾的是，这条路当时戈尔巴乔夫没能找到。当我们今天静下心来谈论这一切时，戈氏的历史性错误早已铸成了。而我们现在所能够做的，就是把中国自己的改革搞好，避免重蹈"老大哥"的覆辙。

六、元首制改革与宪法革命

由于元首制度是宪法制度的一部分，元首制的重大变革，也就成为宪法革命内容的一部分。这里所说的"宪法革命"，是指无产阶级社会主义宪法革命，以别于资产阶级宪法革命。历史上的资产阶级宪法革命，是指以英国革命、法国革命和美国制宪为代表的反封建、反殖民压迫性质的宪法革命；而现代资产阶级的宪法革命，指的是 20 世纪 30 年代罗斯福新政时期美国最高法院在行使"违宪审查权"时对政府干预经济活动由所持反对立场到给予支持的转变。[9]

与此不同，我们现在所要进行的社会主义宪法革命，则是要将中国共产党的执政地位和领导权，包括相关的"游戏规则"，以可操作的钢性条款写进宪法正文中去，从而达到确保和规制、巩固和改善党的领导之双重目的，而不是像目前这样仅在宪法序言中提及或一笔带过。宪法是国家的政治契约。达不成则已，一旦达成，即具有最高的法律效力和钢性约束力，各党、各派和全国人民都要遵守，不得违反。

另外，鉴于前苏联在戈尔巴乔夫领导下修改宪法第6条、取消共产党领导，从而为其解散苏共并宣布其非法扫清道路的历史教训，有必要考虑将中国共产党执政地位和领导权作为宪法中的"强行法"规范加以确立，明确规定不得修改或废止。

从法理上分析，无论国际法还是国内法中，都有一些规范属于"强行法"（又称强制法、绝对法，拉丁文为 jus cogens）的范畴。对于这一人所共知的法律术语，各国的国际法学者都很熟悉，只是研究国内法的人注意不够罢了。但一些国家宪法正文或附则中常可见到的诸如"本宪法修改时，某某条款不得修改或废止；否则，修正案整体无效"或者其他类似规定，表明立法（制宪）机关对于国内法中"强行法"规范的实际认可。[10] 我们的宪法学者，也应对此加以研究。

以笔者之见，在我国，国家的统一、人民的主权、共产党的领导、实行宪政、依法治国以及"任何人行使权利都不能危害他人权利和社会公共利益"、"任何自由都必须加以限制而任何对自由的限制也必须有所限制"等等，都是属于这样的强行法规范。其意义在于，宪法和法律在制定之时，必须明确或隐含地体现强行法原则；而宪法和法律在修改之时，已有的强行

---

〔9〕 参见程洁编著：《宪法学与行政法学》，外文出版社 2000 年版，第 92 页。

〔10〕 李龙：《宪法基础理论》，武汉大学出版社 1999 年版，第 245～247 页。

法规范只能发展、演进（与时俱进），而不能修改或废止，否则，修正案整体无效。

有了这样的"强行法"概念，我们就不仅可以将中国共产党的执政地位和领导权写进宪法正文中去，而且可以进而规定：包括为达"加强和改善、确保和规制"双重目的而制定的有关中国共产党怎样领导、怎样执政在内的一整套铁定规则，修宪时均不得修改或废止；否则，修正案整体无效。这样，戈尔巴乔夫之流想通过修宪来摆脱或废除中国共产党执政地位和领导权的企图，就不会得逞了；与其同时，退回到过去党"想怎样领导就怎样领导、想怎样执政就怎样执政"的旧体制，也就不那么容易了。至于宪法本身权威性的维护，则是另一个问题，而且是现行宪法颁布施行二十多年来现实中一直在不断加强着的，包括目前广为议论的宪法监督专门机构的建立，以及违宪审查制约机制的全面完善，等等。

这就是我们所要的宪法革命，其基础是政治垄断竞争，即在坚持共产党执政地位和领导权不变的前提下，引进西方政治文化中的竞争机制，以改良我国的政治体制。竞争，以成垄断之功；垄断，以收竞争之利。这里的"垄断"，就是无产阶级专政。由于与竞争机制相结合，它将由此走上民主化、法治化、理性化、人道化的轨道，一句话，实现自己的文明化和现代化。

顺便说，一个国家是否民主，不在于是否坚持无产阶级专政。讲"专政"的，也可能民主；而不讲"专政"的，也可能不民主。罗马尼亚前总统兼罗共中央总书记齐奥塞斯库，当年曾公开反对无产阶级专政，主张以"工人民主"取而代之，但他夫妇二人的专横跋扈、专制独裁在其同时代、同职位的人当中可谓顶级，以致苏东剧变中罗现任总统伊利埃斯库竟将其夫妇二人同时处死，惨不忍睹！相反，列宁是众所周知一贯大讲、特讲无产阶级专政的人，而他的民主思想和亲民作风也是人所共知的。在国际共产主义运动史上，还没有人说其完全不民主，甚至戈尔巴乔夫在位时也没说这个话。

当然，我们今天所讲的无产阶级专政，是在进入 21 世纪后的新时代里所要完成的制度创新，与列宁时代相比有很大不同。就其理论形态而言，是马克思主义指导下中、西、马三结合的产物，其所追求的是政治垄断（专政）与竞争机制（民主）的巧妙结合，以便为社会主义的政治民主化找到一条现实的道路。而宪法革命，则是其基本的法律保证。

有了这样一套保险机制，加上改革开放近三十年来，经过正反两方面的对比权衡和亲历体验，人们对社会主义不发达的悲观失望情绪及对西方资本主义发达国家的盲目崇拜、痴迷追求、一心向往、热情投奔，都早已冷却或者消解了，民意、民心正重新转向我们党和社会主义。在此情况下，我国的总统制改革及其他各项宪制改革，均可确保万无一失。

第 12 篇　论依法治国与依宪治国

12 月 4 日是"国家宪法日"。每年此日，从中央到地方，各级人大和党政机关纷纷召开座谈会、讨论会，发表纪念文章。其他各种纪念活动，也都搞得有声有色。无论如何，这是值得高兴的事情，因为它表明宪法这一行宪的根据越来越受到举国的重视。

1999 年 3 月通过的宪法第三修正案规定，国家实行"依法治国"，"建设社会主义法治国家"。这是一个很好的开端。而笔者的目的，则是想在此基础上，谈谈"依法治国"与"依宪治国"二者的关系。

一、从法和宪法的概念谈起

讨论"依法治国"问题，首先要了解什么是法。

关于法或法律的概念，迄今尚无统一的说法。在国外，前苏联时代曾有法学家给出过两个不大令人满意的定义。[1] 而国内的有关教科书，则大多不愿给出明确的定义，往往是在有关章节讨论"法的本质"时提出"法是由国家制定或认可的具有强制效力的规则、原则和制度的总称"。但这种表述有两个缺点：一是将"制度"与组成它的"规则"和"原则"三者并列，不能反映此三者间本来的关系；二是仅适于国内法，而不适于国际法，因为后者的有些规范（如国际强行法，jus cogens international）并不依赖于国家的认可。此外，欧洲历史上的商

---

〔1〕　参见［苏］阿列克谢耶夫：《法的一般理论》（上册），黄良平、丁文琪译，法律出版社 1988 年版，第 100 ~ 102 页。

人法和教会法等，也不大符合此种定义。但它们都确定无疑地是"法"，并且起到了"法"或"法律"所起的作用。[2]

所以，笔者认为，在国内法和国际法这些较低层次的法律概念之上，还应有一个更高层次因而可以涵盖此二者以及其他历史形态的法或法律的一般概念。这种一般法律概念，笔者以为，可以简单地表述为：人类社会发展到一定阶段形成或制定的具有强制效力的制度性规则和原则的总称，即有强制效力的制度规范。而国内法，就是其中的一种具体形态，即由国家制定或认可的具有强制效力的制度规范。我们现在所要讨论的依法治国（to run the country according to law）或法治（by rule of law），就是要依照此种制度规范治理和管好国家事务。依法治国或法治的主体，当然是人民。惟有人民处于"依法治国"的主体地位，才有民主可言。而由于党是人民的领导核心，也可以说是"党和人民"，即党领导人民依法治国。

与"法治"相对应的是"人治"和"德治"。虽然许多人完全否定"人治"和"德治"，将其与"法治"对立起来，但笔者仍认为，"法治"之实行不必一定要否定"人治"和"德治"。处理得好，三者可以互为补充。这里所谓"处理得好"，就是要摆正各自的位置，使其能够相辅相成。笔者以为，在这种互补关系中，"法治"可提供基本的制度框架和调控手段，处于主导和支配地位，"人治"只能在此前提下发挥作用，利用人的主观能动性（包括主政者个人或集体的才能、智慧和积极性等因素）领导人民把事情办好、办成；而"德治"，则可对"人治"和"法治"提供精神上的支撑和保障，起软调节和教化、强化作用。后者的意义在于，假如一个社会的道德崩溃（即多数社会成员普遍地道德失范）的话，那么，不仅法不责

---

〔2〕 参见〔美〕哈罗德·J. 伯尔曼：《法律与革命——西方法律传统的形成》，贺卫方等译，中国大百科全书出版社1993年版，第242～271、406～433页。

众，而且即使主政者个个都是"高人"，面对此种局面也无能为力。当然，由于人之为人的"质的规定性"及人类道德状况"正态分布律"，一般情况下出现前述道德失范危险的可能性很小，除非由于内忧、外患而使整个社会的制度框架本身崩塌（那时，贪官、酷吏与"刁民"三者之中谁更危险、更难对付就不好说了）。

"依法治国"或"法治"的必要性，在于单纯"人治"和"德治"的缺陷。"人治"的缺陷是，具有较大的主观随意性和易变性，且容易出现"人亡政息"的情况；"德治"的缺陷是，只有软约束，缺乏硬约束，且侧重于价值判断，易忽略人类正当的功利目的。而"法治"，则正好以其持久性、稳定性、可靠性、强制性、权威性，以及重事实、重证据、行为规范既定、行为后果确定所含的客观性等长处，弥补"人治"、"德治"之不足。

因此，综合起来加以考虑，窃以为，"依法治国，以德育民，以人行事"才是三者的最佳结合。

但是，在"法治"、"人治"与"德治"此三者的关系中，"法治"还是应居于主导和统御地位，因为它具有许多明显的优点。[3]

那么，"依法治国，建设社会主义法治国家"这一要求，与"依宪治国"又是什么关系呢？这就要在前述法律概念的基础上，进一步搞清宪法的概念了。

宪法的概念，包括外延和内涵两个方面。"外延"讲的是一事物与他事物的区别与联系，即从一事物与他事物之相互关系或边界、区间的角度就其特点对该事物加以描述和界定，而"内涵"则是对事物本身内在的性质、属性（质的规定性）加以揭示。因此，从外延的角度看，宪法是母法、总法和根本大

---

〔3〕　沈宗灵主编：《法理学》，高等教育出版社 1994 年版，第 186～187 页。

法；而从内涵的角度看，宪法实际上是秉人民之公意而签订的"政治性契约"。

就此概念的内涵而言，所谓"政治契约"，主要有三层含义：其一，此种"契约"是有关国家机器之组成、运作及公民政治生活方面的游戏规则；其二，此种"契约"是在一个社会中的各阶级、阶层及其政治代表之间达成并由此各方一起来履行的；其三，它的达成所依照的是"少数服从多数"的政治规则，而不是像真正的契约那样以"一致同意"为原则，即一方面赋予所有签约各方以"同意"和"不同意"的自由决定权，另一方面则允许不同意者可以不受其规矩的约束。"政治契约"一旦达成，原来投反对票的少数人也必须服从依多数人意见所定规矩的约束。少数人的意见只能保留到以后适当时候再次提出，但在其被社会多数人接受之前，绝不允许强行为之。

从宪法概念的外延来讲，则所谓"总法"，是说宪法可为宪法以外的其他法律规定一般性的总要求和基本原则，用以指导立法；所谓"母法"，是说宪法包含有其他法律赖以扩充和发展的萌芽，"生得出"其他法律，是其他一切法律"所由出"的根据；而所谓"根本大法"，则意味着宪法是"法上法"，即其他一切法律的"上位法"，居于统御和支配地位，具有最高的法律效力。任何其他法律与其不合或相抵触，均属无效。由此，也就决定了要想"依法治国"，必须"依宪治国"，推行"宪政"。[4]

二、依法治国与依宪治国的基本思路

现在，就这一论题，笔者想谈以下几点浅见：

---

〔4〕 参见李龙：《宪法基础理论》，武汉大学出版社 1999 年版，第 105～106页。

第一，依法治国包含着依宪治国的意思在内，是其题中应有之义，因为宪法也是法。由于这同一原因，依宪治国也就是依法治国，或者确切地说，是依法治国的一部分。

第二，如将宪法与其他法律区别开来，那么，依法治国首先必须依宪治国，因为宪法是总法、母法和根本大法，不依宪治国就不可能依法治国。

第三，但仅仅依宪治国是不够的，因为国家的经济、政治和社会生活内容广泛，相应地，用以治理的法律规范也十分繁杂，不可能什么规范都纳入宪法，即使纳入宪法也不可能详细规定，不可能满足治理国家的实际要求。

第四，既然如此，在依照宪法以外的法律治理国家时，就必须保证这些法律本身是依宪制定的。否则，法律一旦不符合宪法，依法治国就会违宪，而由于违宪的法律在法理上是无效的，则此时的"依法治国"实际上仍然是"非法治国"，因而是与法治的原则精神相背离的。从这一点出发，就产生了建立健全"违宪立法审查制度"的必要性。这一制度，是更广泛的"违宪审查制度"中一个重要和核心的部分。

第五，"违宪立法审查制度"只能解决立法违宪的问题，而对于宪法规定了的公民权利如果国家立法机关根本不去或不想进行相应的具体立法加以落实，则公民的宪法权利仍然会虚置。因此，笔者认为，当公民的宪法权利由于国家立法机关本身拖延立法的过错（不管是主观上故意拖延，还是客观上无暇顾及）而得不到落实和保障时，公民个人应有权直接根据宪法中的有关条款向中级以上人民法院所应设立的"民权法庭"或"护宪法庭"提起诉讼。所谓的"宪法司法化"，只有在这种意义上和这种情况下，才在法理和法律逻辑上讲得通。

第六，以宪法的有关规定为依据提起维权诉讼的最大问题是，不能对公民的宪法权利作出应有的合理限制。世界上任何国家的公民都不可能享有漫无边际的权利和自由，而只能享有

"不违反法律"之前提下的权利和自由。即以某一项具体的权利和自由而论，虽然它已不是漫无边际的权利和自由，也仍有进一步明确加以限定和规制的必要。在这种情况下，所谓公民权利方面的"宪法司法化"主张，就难免会有放纵公民滥用宪法权利的潜在危险，因为宪法在规定授予公民某项自由权利时不大可能同时规定种种应有的具体限制以防其滥用。因此，防止公民滥用宪法权利之危险的最好应对办法，是尽早启动和完成相应立法，以具体落实宪法规定的公民权利并加以规制。此外，还有一个办法，就是不仅在理论上，而且在全社会的行为观念中，都逐步地确立这样一种信念和准则，即任何自由和权利的行使都不是绝对和不受限制的，同样，对权利和自由的限制也不能是绝对和不受限制的。具体说来，就是公民对权利和自由的行使，以不损害他人的自由、权利及社会的公共利益为限；而国家对公民行使权利和自由的限制或约束，则应以这些权利和自由还能够实际行使，并且能够体面和正常地加以行使为限。这是我们判断一个国家里宪法明定的公民权利究竟是真实的、可以行使的，还是徒有其表、虚有其名而实际上根本无法行使之可靠的试金石。上述两方面，均不可偏废。否则，就会出现片面性和有失公平、公正的情况，不符合法之"衡平"的要义。

第七，要依法治国，必须有法可依，使治国的全过程都于法有据而不是相反。同样地，要依宪治国，也必须有宪可依，才能做到于宪有据。但有宪可依，并不是说有一部宪法就行了，而是必须要做到宪法和（或）宪法性规范文件中有此规定。否则，如无此种规定，则虽然徒有一部宪法，而在实际上仍然是无宪可依（至于宪法的此种规定是否科学、合理，则是另外一个问题，当另外专文论之）。

第八，那么，我国现行宪法在哪些方面目前处于无宪可依的状态呢？对此，宪法学家们见仁见智，看法不一。依笔者之见，最突出的有三个方面：一是三大基本政治制度，目前只有

1/3（即人民代表大会制度）进入了宪法正文，其余 2/3（即中国共产党领导的多党合作制度，以及中国人民政治协商会议制度）则只在序言中提及，是很不正常的（此三大制度均有紧密的内在联系，合起来构成一个三位一体的有机整体，实不应人为地将其分割）；二是没有违宪立法审查制度，致使依法治国的合宪性问题缺乏必要的解决办法和保障机制；三是缺少处理国际法与国内法关系的宪法规范，这在全球化时代尤为不妥。

第九，关于三大基本政治制度所余的 2/3，改进的办法是通过修宪将中国共产党领导的多党合作制度及政治协商会议制度分别设立专章、专节写入宪法正文，使之成为可操作的刚性条款，或至少在正文中作出一般性的原则规定后再加一句"其具体的制度和办法，由法律规定"。

第十，国际法与国内法的关系，亦应在宪法中设专章加以规定，而不宜放到任何一部普通法律中规定。如我国目前放到《民法通则》第八章（第 142～150 条）中加以规定，实为不妥。正确的办法是，写进宪法。

三、设立"宪法委员会"的意义

关于设立违宪审查专门机构和完善违宪审查机制的问题，笔者的看法是：首先，全国人大常委会不适合担当此任。因为违宪审查中最为重要的，是对中央及地方的立法行为、立法成果之合宪性进行审查。而由于全国人大常委会本身就是国家最高的常务立法机关，让它来审查自己的立法（过程、程序、行为和成果）是否违宪，就很不合适了。其次，广为议论的"宪法法院"也有不妥。因为既是法院，就应当且只能由法官组成，而法官本身只能由考试录用、考核晋升，院长和"大法官"也只能由有权机关从法官当中加以选任。这就不如"宪法委员会"的体制和机制。

设立"国家宪法委员会"或"宪政委员会",而不是广为议论的"宪法法院",其优点或好处是:

第一,此种护宪机关成员,即宪法委员会委员或"宪法委员",可由人大、政协(如能通过修宪将其定义为"国家参议机关",就名正言顺了)从全国知名的法官、检察官、律师和法学家这几部分人中各选举若干人但任,每届任期5年,连选得连任,不受限制。由此,即可实现其来源的多元化,以尽可能反映各方面的见解。就像西方一些大公司企业的"独立董事制度"一样,"国家宪法委"组成人员之成分及来源渠道的多元化,对于保证护宪机制的平衡和稳定,一定会大有裨益。

第二,在此体制下,可由宪法直接规定,凡任满一届或两届而光荣卸任的国家元首,即为当然的宪法委员,与其他经由选举产生的宪法委员享有平等的权利和权力,并终身任职。这样的话,对卸任元首本人来说,可避免卸任后要么不得不兼任实职,要么过早退出政坛的"两难之弊";对国家来说,则可避免历史上设立"中央顾问委员会"或其他类似于"资政"之职之弊。也就是说,将元首卸任后继续发挥应有作用的职位,从其他地方移到"宪法委员会"中来,可以使其能以自己的崇高威望和从政经验继续服务于国家和人民,即与其他宪法委员一道共同担负起维护宪法权威的重任,同时还可名正言顺地履行其对新任元首的监督和帮助之责,不仅杜绝了外界的非议,而且提高了自己的地位,故有一举两得、三得之妙。总之,卸任元首退居于宪法委员会视事,必有百利而无一害,于国于民于人于己都将是最佳的制度安排。

第三,可以设立"宪法委员会名誉主席"一职,并依宪法之规定由委员中最年长者当然任之,考虑到其年迈体衰,有时可能会出现无力完成某些工作的情况(如主持会议或国家元首宣誓就职的仪式等),可将主持此种活动的权力授予宪法委员会主席,同时规定"宪法委员会主席由名誉主席本人兼任,或由其指定其他委员担任均可"。

上面所说的"国家宪法委"或"宪政委员会",应是"两会"(全国人大和全国政协)全体会议之下,独立于国家元首和"两会"之常委会的平行机关,具有位居"一府两院"即国务院和司法两院(最高人民法院和最高人民检察院)之上的尊崇地位。由此,即可创造一种全新的宪政保障机构和保障机制。它将不同于专为制宪或修宪而成立的"宪法(起草)委员会"或"制宪委员会"等临时机构,也不同于一度拟议设立的类似于"全国人大法工委"那样的"全国人大宪法监督委员会"。因为,"全国人大法工委"那样的"宪法监督委员会",在全国人大闭会期是要向全国人大常委会负责并报告工作的。其级别和地位若此,又怎能指望它担负起国家最高护宪机关的神圣职责呢?国家元首卸任后退到这里,又怎能担负起身处二线的帮护重任呢?

从比较宪法学的角度看,如此设计的护宪机构和机制,不仅不同于俄、韩等国的宪法法院体制,而且也不同于美国的联邦最高法院体制(虽然美国是最早形成违宪立法审查制度的国家),而较类似于法国的护宪体制。当然,中国自有中国的国情民情,中国的"宪法委员会"没有必要、也不可能照搬法国。由全国人大选举若干法官和检察官,由全国政协选举若干著名律师和法学家,加上健在的历任国家元首,共同组成"宪法委员会",以及设立"名誉主席"一职并由其自由决定是否兼任执行主席,等等,所有这些,都可以成为中国护宪机构和机制之独特性的标志。

第 13 篇　论民主宪政的十大原则

一、"一党主导最稳定，多党竞争活力大"。是故，一党领导之"多党参政制"，辅以"政治垄断竞争"，或可为君主制、民主制、寡头制、党治制以外之第五政体，善之善善者也！惟此一党之领导及领导方式，须依宪法正文及法律明定加以确保、加以规制，方可体现宪政之义。此一党之成员，于国会及地方各级民意机关竞选胜出，担任同级国家最高领导人者，得当然任同级该党第一主委，方可坐实民代机关之最高权力。否则，必与宪法规定相违，损害于宪政。

二、施政须有法律根据，法律须有宪法根据，宪法须有民意根据，民意须能自由表达：多则依之，少则弃之；尊重多数，保护少数。

三、公权乃国家重器，非依宪法、法律不得行使。故法无明定者，不得为之。为之，非法；法之，非宪。

四、民者，国家之主人；官者，国民之公仆。主之有求，仆当必应。是以政府权力有限，而义务和责任，几近于无限：虽法无明定，人民所求亦当力勉而为之，断无推诿不作为之理。

五、民，生而自由，权利于是乎生。故法有明定者，放心行使自不待言；即法无明定者，亦得行使之；惟法所明禁者，始不可为。

六、民之自由、权利，非依宪法、法律，不得限制；而依法限之者，此"限"亦须自有其限（度）矣。

七、国民义务乃民之重负，故非依宪法、法律，不得课加之。

八、法不溯及既往，为一般通例，或通制、通则。有道是，"无规矩不成方圆，无例外不成规矩"。然其例外者，亦有"规矩"：权利为利益，或可溯及；义务为负担，断不可以及。

　　九、公权不滥用，赖民之监督。人民之监督，首重其开口。是故，言论自由之要义，在批评政府，而绝非歌功颂德之自由耳！

　　十、宪法之权威，赖有完善之护宪机制，包括违宪立法审查制度、违宪施政监察制度及宪法诉讼之公诉与民诉等。以是观之，则宪法委员会或宪法法院，万不可缺失。缺失，则徒有宪法之名，而断无宪政之实矣。

第14篇　论社会主义宪政的要义与要求

一、社会主义宪政的概念

本文要讲的题目是：社会主义宪政的要义和要求。社会主义宪政，我们首先讲它的概念。这个概念，包括两个方面：一个是社会主义；一个是宪政。

我们先讲宪政的概念。

宪政，当然是一种民主政治。但它不是一般的民主政治，而是依照宪法和法律，依法、依宪而实行的民主政治。

民主的要义，是人民当家做主。但人民当家做主是一种国家制度，而不是我们一般所说的民主讨论、民主决策、民主生活、民主作风，等等。

作为一种国家制度，民主要有法律、特别是宪法来加以规范，加以规制。从这个意义上说，由宪法和法律加以规范、加以保障的民主制度就是宪政。

社会主义宪政的另一方面，是社会主义。

这里的社会主义，与欧洲的社会民主主义或民主社会主义有所不同。它是以马克思主义为指导的科学的社会主义。其特点是：以实现共产主义为最终目标，也就是"经由小康，走向大同"。这就要求有一个党，一个马克思主义的党，在社会的政治生活中起主导作用。

从这个意义上来理解，社会主义加宪政，或者说二者的有机结合，就构成了社会主义宪政。其要义就是党的领导、人民当家做主和依法治国、依宪治国三者的有机统一。

我们知道了社会主义宪政的要义之后，需要进一步研究的问题是：社会主义宪政，它有什么要求？怎样才能满足社会主义宪政所要求的条件？

既然社会主义宪政是党的领导、人民当家做主和依法治国（依宪治国）这三者的有机统一，那么，首要的一点是，在社会主义宪政中必须坚持党的领导。但是，这要解决一个问题，党的领导包括党的领导怎样实现，以及怎样规制这样"两个方面"。

从宪政的角度看，既然宪政是依照宪法和法律规定而实行的民主政治，是一种国家制度，那么，党的领导就必须由宪法来加以保障。

所谓"两个方面"的含义是：一要确保中国共产党的领导；二要有宪法和法律对党怎样实施领导加以规制，即加以规范、加以制约，使党的领导和执政程序成为有法律依据、有宪法根据的一种国家制度。

我们目前的宪法，也就是 1982 年的新中国第四部宪法，在序言中规定了党的领导。但是，其缺点是，没有将其写进宪法的正文。

宪法的序言，当然是宪法的一部分，是宪法的组成部分。但是，宪法的序言，毕竟不同于宪法的正文。尤其是将党的领导或执政方式，党怎样实施对国家政治和社会生活全方位的领导加以具体的规定，这就必须要写进宪法的正文，甚至要有单行法律、单行法规来加以规定。不然的话，党的领导，一是缺乏宪法正文的可操作刚性条款的保障；二是缺乏同样的刚性条款加以规范、加以制约。依照宪法的规定，领导国家的政治和社会生活、文化生活，使党成为全国人民的领导核心，这是社会主义宪政要解决的第一个问题。如果这个问题解决得好，那么，我们就能够将中国共产党的领导与人民当家做主、依法治国、依宪治国三者结合起来；如果处理不好，就会出现三张皮，不能有机结合，不利于社会主义宪政的建设和社会主义宪政目的的实现。

二、一党制与多党制

在谈到党的领导这个问题上，我们有以必要研究一下一党制与多党制二者的利弊。

西方国家实行的是资产阶级多党制，多党轮流坐庄，多党竞争。

它有三利三弊。其三利为：

第一，由于有很多党同时在竞争执政地位，就没有一个党处于社会当然的执政地位。这有利于人民及其代表机关加以选择。

第二，由于没有一个党是当然的执政党，没有一个党高居于宪法和法律之上的可能，使得依法治国、依宪治国比较容易实现。

第三，在这种情况下，那么人民的自由、人权，基本自由等，能够比较容易、较为容易地实现。

但它有三个大的缺点，也就是三弊：

第一，资产阶级多党竞争这样一种制度，它在经济和政治上容易产生"金权主义"。也就是说，在多党轮流执政的情况下，政权往往落入经济上占统治地位的那个党的手中。或者说，多党竞争的有效性和良性运行，以两个党、三个党都同属于一个阶级为条件。如果两个党、三个党不属于同一个阶级，比如说，一个是共产党，工人阶级的政党，而另一个是资产阶级的党，比如说，自由民主党，那么，轮流坐庄就很难了。因为，在这种情况下，作为工人阶级的党，她的财力有限，在"金权政治"的情况下，她就很难通过议会道路走向执政的地位，取得执政权。所以说，多党轮流执政，这样一种西方的多党制，最大缺点或者第一个弊病，就是它的政治是金权主义的，确切地说，比较容易出现金权主义，使经济上占统治地位的（也就是资产阶级的、富人的）党才能够执政，或者至少比较容易竞选成功，上台执政。

第二，它容易导致社会由于选举的竞争而出现分化，也就是人们说的"双峰社会"——两个山峰，相对而立。

这种情况，在最近有一些明显的例子。

一个是美国的选举，布什的第一届任期是与克林顿总统的副手戈尔竞争总统职位。那次选举，导致美国社会出现了严重的"双峰社会"对立现象，两大集团及其支持者形成对立。不仅仅是共和、民主两大政党之间的对立，而是全国整个社会民众之间的对立。甚至第二次的选举，仍然是发生这种情况，仍然是共和、民主两党导致整个社会的民众出现分化，两个山峰，两相对立。双峰对立的出现，把完整的社会撕裂成两半（当时及选举过后很长一段时间，笔者都一直在网上阅读电子版的《纽约时报》和《华盛顿邮报》，对此情况有一些了解）。

在我们国家台湾地区的选举中，也出现过这种情况。国民党、亲民党——国亲联盟——所推举的台湾地区领导人候选人与民进党推选的台湾地区领导人的候选人，在选举的过程中，2003 年底竞选的过程中及 2004 年 3 月选举的时候，也是把台湾社会给撕裂成两瓣，出现了比美国更典型的"双峰社会"。这是多党制的第二大弊病。

第三，它不可能在全社会的民众中形成一个统一的共同的理想，比如说，在美国和我国的台湾地区，由于不同的党，她的信仰不同，并且充分动员了全社会来参与选举，也就导致民众本身的价值观、人生观，人的理想和奋斗目标是分裂的、冲突的。假如代表工人阶级的共产党与代表资本家利益的民主、共和、自由党等来进行竞争，那就会更加严重地造成社会民众在人生理想、价值观和精神家园追求上的分裂。

那么，怎样解决两党制、多党制它的三大弊端呢？

这个办法，只能是实行社会主义的一党主导的政治制度。

中国，不是典型的一党制，而是"一党主导，多党参政"的制度。这个制度，有多党参政的优势，也有一党主导的优势，它需要防止的是克服前苏联那样一党制的流弊。

前苏联的一党制是个典型的一党制。它也有自己的三利和三弊。其三利是：

第一，因为只有一个党，而且这个党是以马克思主义为指导的以社会主义、共产主义为建设目标的，这样，在经济和政治上就不至于出现"金权政治"。

第二，其社会民众，也不会出现双峰社会。

第三，全社会有共同的理想、共同的目标、共同的信念、共同的价值观和道德准则。

那么，它的缺点是什么呢？其缺点就是：

第一，由于只有一个党执政，人民及其代表机关没有选择的余地，这就不容易发挥人民当家做主的作用。

第二，由于这个党是当然执政，党的领导人的讲话，党的领导人的意见，就有可能超越法律，不易实现依法治国。在个人崇拜和党内缺乏民主自由的情况下，尤其严重。

第三，它难以保障基本人权，不易给人民以充分的自由（不易，不是说不能，而是难度比较大而已）。这种情况，在公民权利和政治自由方面，尤其突出。

这是它的三大弊端。

三、"一党主导，多党合作"

解决上述问题的办法，以笔者的看法，就是沿着中国所创独特的"一党主导，多党合作"这样一种制度提示的方向进一步发展，进一步加以改进和完善。

将这种制度所代表的方向作为我们改革的一个基础，我们下一步要解决的问题是：

第一，党的领导写进宪法。对于党怎样领导的问题，要把党怎样领导的具体的规范纳入宪法的正文。必要的话，制定具体的法律，单行法律和法规。

第二，在能够保证党领导的情况下，宪法要规定：各级国家机关，从中央到地方各级（省、市、县、乡镇）领导人的竞选候选人，国家领导人必须竞选产生，国家领导人正职，省长、市长、区长、县长、乡镇长等，都必须竞选产生。

为了保证党的领导，这些竞选候选人都应当是同级党的委员会的委员、常委、书记或副书记，起码应当是党委委员，或者常委。退一万步说，至少必须是法定执政党的正式党员。

为了体现人民代表大会的权力，应该由宪法来规定，在党的委员、常委、书记或副书记作为候选人竞选上了同级国家机关的正职领导人（国家主席，省长、市长、区长、县长、乡镇长）之后，兼任党的第一书记。这样，国家领导人就不至于是党内的副书记，而是正书记，实际为"比正书记还要正"的第一书记。这就保证了人民代表大会作为国家权力机关的权威。

第三，还要规定，各级政府首长副职都应该由当选的正职来提名，然后经同级的国家权力机关（各级人大或其常委会）来批准。也就是给当选的国家机关正职领导人以组阁权，或者确切些说，给其以组阁的提名权。这样，才能够体现行政的统一和效能原则。当然，作为前提，有三点必须明确：其一，各级中国共产党代表大会的代表，应当竞选产生；其二，各级人民代表大会的代表，应当竞选产生；其三，各级政协委员，应当竞选产生。

为了保证中国共产党的执政地位，还必须规定：人民政协51％的席位，依照宪法和法律的规定，划给中国共产党；49％的席位，划给所有各民主党派，由所有民主党派相互竞争以取得这49%的席位中各自较大或较小的一个份额。这样一来，这样的制度安排，就能够实现党的领导、人民当家做主和依法治国、依宪治国三者的有机统一。

这就是社会主义宪政的根本要求。

第四部分
沉默权与中性推定论

第 15 篇　论沉默权

一、引言

近几年来，刑侦和刑事诉讼法学中的沉默权问题，如同民法中的隐私权一样，引起越来越多人们的关注，成为学术界和社会上广为议论的话题。这种现象不是偶然的，它是建设社会主义市场经济法律秩序过程中重视和保护个人权利的自然结果，是人类文明和社会进步的一种表现，一种标志。

但是，对于沉默权和隐私权这些从国外引进的舶来品，也需进一步加以审视。沉默权，正如某些隐私权一样，其行使也是有成本或代价的。不讲清这一点，就是对权利人的不负责任。

二、从隐私权看行使权利的成本或代价

让我们先从民法上的隐私权谈起。

首先，一方面，任何权利的行使都会有成本或代价，也就是说，只存在成本或代价在质和量两方面的差别问题，而不存在其有无问题；另一方面，绝大多数情况下行使权利的收益是

远大于成本或代价的，不然，权利的产生和存在就毫无意义了。隐私权，就正是这样一种民法权利。没有隐私权，人们的一言一行、一举一动都尽在他人掌握之中或暴露于他人眼皮底下，则公民自由和基本人权的保障也就无从谈起了。

但是，在某些特定的情况下，行使隐私权的实际成本或代价也可能会超出其收益。比如，在夫妻关系中，任何一方都有并可依法行使其隐私权，这是没有问题的。问题在于，一方行使隐私权的同时，作为代价而加于对方头上的是，对方也会行使他（她）的隐私权。其结果造成双方各怀隐情，双方互不信任，或仅只在口头上信任而实际在心里谁也没法信任对方。换句话说，除非你明确告知对方放弃或暂不行使保有隐私的权利，否则，就休想取信于爱侣，更谈不到娱悦和取悦于他（她）了。这是其成本或代价的另一表现。

显然，这里存在着权利（隐私权）与利益（夫妻恩爱和相互信任）的交换关系，或至少存在这样一种可交换性，即放弃权利而获得利益和行使权利而失去利益的潜在可能性。

不仅如此。任何一方的"隐私权"，还可能会与另一方的"知情权"和"忠贞权"相冲突。比如，妻子怀了别人的孩子，或者相反，丈夫在外边与别的女人有了私生子并依法要承担将其扶养成人的至少一半义务。在此情况下，单纯从隐私权的角度来说，这都是当事一方的个人隐私，另一方无权过问。但从知情权的角度来看，受害一方则应当有了解事情真相并自主决定要求离婚和获得精神赔偿的权利。这是各国民法关于"夫妻互负忠贞义务"规定的题中应有之义，也是任何人行使权利时都不能损害他人权利和社会公共利益这一一般法律原则的体现。以是观之，是否与别人有了孩子已不重要，重要的是对于配偶的爱是否忠贞不二。这是因为，一方的义务正是对方的权利；不履行所负对于爱人忠贞之义务，就是侵犯了配偶一方应当享有的对方对己忠贞的权利，尤其是在他（她）一方始终恪守对于对方忠贞不二之义务的情况下。此种权利，就是从"夫妻互负忠贞义务"这一法律规定中派生出来的夫妻相互间所享有的忠贞权。忠贞权和知情权二者，均对夫妻之间的"隐私权"有所修正。再加上前述"成本与代价的权衡"及"权利与利益的交换关系或可交换性"，就使隐私权问题远不像初看起来那样简单了。任何学者，不涉及此类问题则已；如欲涉及，就有义务讲清其方方面面，避免产生误导效应。

三、行使沉默权的成本或代价

沉默权问题，就正是属于这样一类复杂问题。

首先可以肯定的一点，犯罪嫌疑人有权对警方和检察官的问话保持沉默或拒绝回答，从法理上说，是没有任何问题的。既然如此，通过立法规定犯罪嫌疑人的"如实陈述义务"就是错误的，因为沉默权与"如实陈述义务"在法理和法律逻辑上是矛盾、对立和相互排斥的。

但是同时，应当看到，正如一个警官在对犯罪嫌疑人进行问话之前有义务告知其有保持沉默的权利一样，一个法学家在论证沉默权之必要性和合理性的同时，也有义务告知全社会此种权利之行使是有成本或代价的。

这里所说的代价或成本，不仅可在通常一般的意义上加以理解，而且还应从经济学上"机会成本"的角度去理解。前者，笔者指的是，沉默或拒绝回答虽然可以加大警方和（或）检察官收集证据以证其有罪的难度，然而一旦警方和（或）检察官不依赖其口供取得突破性进展，法庭在审理此案时必然会在法律规定的限度内依其情节从重（虽不是加重）判处刑罚；后者，笔者指的是，他（她）很可能会因此而失去本来可以得到的从轻（甚至减轻）处罚的利益或好处。

显然，有此法律权利而不行使它，与根本无此权利是完全不同的。权利之行使有成本或代价，在这里又从另一面得到了证明。因为，有了某种法律权利而不去行使它，可以用来交换到一定的利益；实际行使了，就不能再用以交换所需要的利益。这与前面所讲的隐私权的情况是一样的，只不过其代价或机会成本的内容不同罢了。

四、沉默权与"坦白从宽，抗拒从严"政策的关系

近年来，学术界和社会上一些人已经对"坦白从宽，抗拒从严"的政策和提法有所非议，认为其与"沉默权"有矛盾。其实，这是大错特错的误解，是沉默权理论上研究不到家和走入了误区的表现。

笔者认为，从法理学和经济学相结合的角度看，"坦白从宽，抗拒从严"这个口号不包含任何否定沉默权的内容，而只是如实地告知犯罪嫌疑人两个要点：一是，此种权利之行使是有成本或代价的，那就是"从严处罚"；二是，他（她）可以用其法定权利交换所需的利益，那就是"从宽处罚"（严格地说，不仅包括"从轻量刑"，而且还包括可能会有的"减轻处罚"）。

因此，从根本上说，沉默权之作为法律权利与"坦白从宽，抗拒从严"之作为政府政策，此二者在科学上没有任何矛盾之处。当然，在实践中，从概率论和博弈论的角度，犯罪嫌疑人可以根据具体情况对利弊得失加以权衡和估量，并做出相应的"正确"抉择。但前提是，法学家和法学理论不能偏执于沉默权一端，而将人们引入歧途和错误思路，以致造成思维定势，一事当前做出令人遗憾的抉择。

支持沉默权理论的一个很重要的理由是，一个人不能也不应当"自证其罪"，除非他（她）是一个疯子或者处于暴政恶

法的强制之下。应当承认，这个理由是成立的，完全站得住脚。但也必须承认，在某些情形下，放弃沉默权而"如实陈述"，其中自然会包括一些"自证其罪"的内容（如果不是全部都是此种内容的话），对犯罪嫌疑人也可能会带来比保持沉默更大的利益或好处。在这种情况下，单纯的沉默权理论不是显得太片面了吗？

以上还只是从单纯保护犯罪嫌疑人之个人权利和利益的角度讲的。从社会和公众的角度来讲，突出地强调沉默权与"坦白从宽，抗拒从严"二者的一致性，在同样可以有效避免冤、假、错案的同时，正好有利于打击犯罪、保护人民，合于刑事正义的根本要求。反之，强调和论证沉默权与"坦白从宽，抗拒从严"的矛盾、对立或不一致，以前者之成立否定后者之成立，不仅在科学上站不住脚，而且在实践中也只能是人为地增加打击犯罪、保护人民之难度，客观上助长犯罪分子的嚣张气焰，不利于国家安全和社会稳定。这与刑事正义的要求是背道而驰的，因此应当予以否定。

五、沉默权与"如实陈述"者的优待权

现在，如果我们进一步探究下去，则会发现"坦白从宽，抗拒从严"这一政策，一旦在法律上加以实定化，那么，它就将会在与沉默权相兼容的同时，明确授予坦白者（这里指对于警方和法庭的询问持合作态度而"如实陈述"的犯罪嫌疑人）以优待权，即获得国家从轻或减轻处罚的权利。顺便说，这里的"或减轻"三字，是政策语言转化为法律语言时为满足其精确性而添加的。但"从严"则不得解释为"从重或加重处罚"（即不应包括"或加重"三字）。这是有其法理根据的，正如法律关于义务的规定没有溯及力而关于权利的规定则可以有溯及力一样。总之，"如实陈述"者应有优待权，这一点是确定无

疑的。

这样一来，一则前面提到的关于犯罪嫌疑人有"如实陈述"之义务的法律规定，其荒谬性就更明显了；二则前面所说的权利与利益的交换，就很自然地转化成为权利与权利的交换，即沉默权（拒绝"如实陈述"之法定权利）与优待权（以放弃沉默权为条件而获得从宽处理之优待的法定权利）此二者之间的交换。

有了这样的认识之后，其他的相关问题就可以迎刃而解了。

第16篇　论中性推定

一、否定了"有罪推定"之后的选择

在刑侦和刑事诉讼法学中，与"沉默权"相关的一个问题，是围绕"有罪推定"和"无罪推定"的论争。说是"论争"，实际上，到今天，已经很少或几乎没有人来进行论争了。这是因为，一方面，尽管"有罪推定"在历史上也许起过积极的作用，但其荒谬性则随着时间的推移越来越明显、越来越突出了；另一方面，我国《刑事诉讼法》第12条明确规定"未经人民法院依法判决，对任何人都不得确定有罪"，而这是完全正确的。

问题在于，否定了"有罪推定"之后，"无罪推定论"乘虚而入，虽令人们感到困惑，但是由于没有相应的理论创新来抵挡，故尔很快传播开来，并有相当广大的市场。

当年，"无罪推定论"刚引入到国内的时候，一度也确曾遇到过一些批评和抵制。反对者的观点是，我们反对"有罪推定"，也反对"无罪推定"，主张"实事求是"、"以事实为依据，以法律为准绳"，经人民法院在审理过程中查明案情后再作定论，而不主张在事前妄加推论。应当说，这个思路是基本正确的，实践效果较好，学理上也比较能站得住脚。但是后来，由于并没有真正在理论上讲深、讲透，此种反对声音越来越弱，另一方（即支持"无罪推定"者）的声音越来越大，以致逐步占了上风，使"无罪推定"几近成为学界的定论。

然而，科学研究的新起点，或理论创造的契机，恰恰存在于这样的"定论"之中，即往往都是在看起来似乎"没有问题"的地方发现问题，加以研究、取得突破，进而找到新的可行的解决办法及相应的理论说明。笔者的"中性推定论"（the theory of neutral presumption），就是这样提出来的。

这里，所谓"中性推定"（the presumption of neutrality, or neutral presumption），与前面提到的意见基本相同，即对犯罪嫌疑人既不推定其有罪，也不推定其无罪，而是推定其处于中间状态或待定状态。换句话说，也就是认定犯罪嫌疑人就是犯罪嫌疑人，既可能有罪，也可能无罪（尽管前者的概率或可能性，与后者相比要大得多），一切待庭审和查证后再作定论。之所以说前者的可能性远大于后者，原因或道理说来很简单，他（她）之所以被逮捕和被怀疑涉嫌犯罪，一般来说，控方（警察和检察官）不会毫无根据。大量事实表明，交由法庭审判的犯罪嫌疑人往往就是罪犯，真正的完全无罪者为数很少。尽管如此，由于罪否之认定对一个人的影响至关重大，为杜绝冤、假、错案和保障人权，绝不能因为此概率很高就对犯罪嫌疑人作有罪推定。

在这种情况下，中性推定就是唯一正确的选择。与前述反对意见不同的是，"中性推定"有自己一套完整的理论，因而不仅不致被"无罪推定论"所打败，而且可反过来把"无罪推定论"予以推倒。

二、对"无罪推定"的进一步反思

为使读者对"无罪推定"的荒谬性和"中性推定"的必要性、合理性有更深的理解，我们不得不反思和追问："无罪推定"论者所主张的推定结论，究竟应在什么时候得出呢？

第一，是审理结束之时吗？按说不是。因为，一般来说，此时已没有"推定"其有罪或无罪的必要了，因为关涉其有罪或无罪的事实真相已基本上查明了，判决结果就要出来了。

第二，是在庭审过程中吗？也不会是。因为此时法庭的任务正是要查明和判定其是否有罪，而不是推定其有罪与否。假如能推定犯罪嫌疑人无罪，还审他（她）干什么？放了算了。

第三，那么，是审理之前吗？如果是这样，既然能推定犯罪嫌疑人无罪，还抓他（她）干什么？还关押着干什么？纯属多此一举！甚至——如能推定其无罪的话——"犯罪嫌疑人"的称谓本身就有问题。因为尽管已将过去使用的"嫌疑犯"之"犯"字去掉了，但新的称谓仍然表明你还是在怀疑人家"犯"了罪行，新闻媒体则更是经常毫不避讳地报道说"警方已将犯罪歹徒（实为'犯罪嫌疑人'——笔者注）当场抓获"。显然，警方、媒体和社会公众在犯罪嫌疑人被抓获和关押待审的过程中，并没有丝毫对其作"无罪推定"的迹象和意识。如有此种意识，就不会将其抓获并关押了。顺便说，"犯罪嫌疑人"这个称谓十分精当，与"中性推定"论也甚为相合。

第四，或许论者的意思是，可以暂且先将犯罪嫌疑人推定为无罪，然后再在审理过程中对此种推定加以证明或者推翻。但是，如前所说，这不符合法律逻辑，如果首先"推定"犯罪嫌疑人"无罪"，那么，逮捕和审判就无从谈起了。事实上，认定并宣称其"无罪"的，既不会是警方，也不会是法庭，更不会是媒体和公众，而只能是犯罪嫌疑人本人以及可能的一些亲友。这些人认定其无罪是很自然的，但惟其如此，在我们现在所讨论的问题中是没有意义的。

第五，此外，还有另一种情况，也是在前面曾提到的"审理结束之时"。不同的只是，法庭审理的"结果"是"没有任何结果"：既不能证明其有罪，也不能证明其无罪，或者，更大的可能是，证明其有罪（或无罪）的证据虽有一些，却都（远）不充分，因而难下定论。

这时，只有这时，法庭对犯罪嫌疑人做出"无罪推定"，并以此为据做出"无罪释放"的判决，才是唯一有意义和能够讲得通的。

但是，"有意义"、"讲得通"的事情，并不意味着一定正确，而只能说"有可能正确"，因为被"推定"为"无罪"而宣布加以"无罪释放"的那个人，仍有可能就是真正的案犯，只是一时尚不能充分证明其有罪罢了。

这就清楚地表明，在上述情况下所做出的"无罪推定"和"无罪释放"之判决，至少有50%的概率或可能，是错误推定和相应的误判。既然这样，正确的办法就只能是做出"中性推定"和"中性释放"之判决。关于这一点，后面还有进一步的讨论。

第六，不仅如此，现在的问题是，论者主张"无罪推定"时，往往是将其与"沉默权"相联系，认为"只有将犯罪嫌疑人推定为无罪，才有沉默权可言"的。这就意味着，论者所要的"无罪推定"，并不是在法庭审理结束之后，而是在实际审理的过程之中或审理之前——只有这样，逻辑上才能将"沉默权"建立在"无罪推定"的基础之上，或者，更确切些说，只有这样，将"无罪推定"作为"沉默权"的基础或理论前提在逻辑上才有意义。

但论者的上述见解是大错特错的。因为其一，我们在前面的分析中已经看到，"无罪推定"在法庭审理的过程之中或者之前，都不成立。如能成立的话，还把人家抓起来、关起来，并送到法庭受审干什么？其二，"沉默权"的成立，也根本不需要什么"无罪推定"，只须作"中性推定"就行了。相反，如能"推定"犯罪嫌疑人"无罪"，就用不着审问而可直接作"无罪释放"（或"无条件释放"）的最后宣判了。既然如此，还要沉默权干什么呢？

这样，沉默权的成立在先，而"无罪推定"的做出——假如有此必要及相应根据，或至少没有做出相反推定之必要及相应根据的话——在后，就从另一侧面证明了沉默权与"无罪推定"之间并没有内在和必然的联系，因而，前者之成立不能反证后者之成立。

三、"中性推定"及其适用的条件或范围

现在，我们看到，一方面，在法庭审理开始之前及实际审理的过程之中，无罪推定是肯定不成立的；另一方面，在审理基本结束之时，无罪推定可能成立，也可能不成立，究竟应当做何推定及（依其为据的）相应判决，只能视每一案件的情节及审理中出现的具体情况而定。而由于"有罪推定"已被否定，则当不能做出"无罪推定"时，就只有"中性推定"一种选择。如需放人的话，则可做出相应的"中性释放"（即中性推定基础上的"监控释放"或"有条件释放"，此种释放不同于"假释"和"缓刑"，但有某种相似之处）之判决。加上审理之前和审理过程中的中性推定——后者正是沉默权的基础或逻辑前提——就是"中性推定"之论的全部内容。

当然，如实地说，对"中性推定论"也不能绝对化。极而言之，在某些特定的情况之下，甚至"有罪推定"也是正确的。比如，警方在围堵或追捕持械犯罪分子的时候，就必须假定正在围堵或追捕的对象就是罪犯，因而必要时可以依法将其击伤或击毙。这就说明，"中性推定"具有严格的条件性，即只能适用于已经抓捕归案的犯罪嫌疑人，而不包括现行犯、逃亡犯、拒捕犯以及其他可能由法律直接认定为罪犯的人。这样一来，也就同时限定了《刑事诉讼法》第12条关于"未经人民法院依法判决，对任何人都不得确定有罪"之规定中"任何人"的概念，即仅指进入诉讼程序后的犯罪嫌疑人，而不能理解为真的是指所有的"任何人"。如果措辞更严格一些的话，该条规定就应表述为："除法律法规另有规定外，未经人民法院依法判决，对任何人都不得确定有罪。"这也是科学的法学基础理论所要求的，非如此则理论上不能满足法律的严密性要求，实践中也不

利于充分发挥法律保护人民、打击犯罪的应有功能。

尽管如此，以"中性推定论"来否定、取代"有罪推定论"和"无罪推定论"，毕竟是一个进步，因为它可以涵盖或占据审理之前及审理过程中绝大部分时段的各种情形，仅把前后两头的极小一部分空间分别留给"有罪推定"和"无罪推定"。

第五部分　人权论

第17篇　人权论刍议

2004 年 3 月 25 日，在日内瓦国际人权会议上，针对美国等少数西方国家对中国及其他发展中国家人权状况的蛮横指责，我国代表团团长沙祖康同志在发言中指出：

"世界上没有任何一个国家的人权状况是尽善尽美的。中国有句古语，正人必先正己。个别国家在指责别国的人权状况时，最好先拿镜子把自己好好照照。"否则，"不利于各国在人权领域进行平等的对话与合作"。

我国代表团的上述立场，得到了大多数发展中国家与会代表的赞同和支持。但是，年复一年，我们与某些西方国家的争论和较量仍难避免。因此，面对美国等少数西方国家的指责和非难，我们除了在政治上进行义正辞严的反击之外，还有必要在人权问题的基础理论上有所创新，以便更有说服力地回应其挑战，并在此前提下推进人权领域的平等对话与国际合作。

一、人权的概念

人权问题如今是一个被炒得很热的话题。但有关人权的一些基本问题，仍需进一步研究。

首先是人权的概念。人权（Human Rights）是"人作为人"

的权利。这是已有定论的共识。[1] 由于权利是与法相联系的概念，即主体对客体之法律上的充分必要资格，所谓人权也就是人作为人所必需的法律上的充分必要资格。但法有实然与应然之分，故人权也有实然与应然之别，且二者都分属国内法和国际法两个领域。将其组合起来，即有以下四种人权：其一，依现行国内法之规定所享有的权利；其二，应当通过国内立法进一步加以确认和保护的权利；其三，依现行有效之国际法规定所享有的权利；其四，国际法上应当给予的权利以及应当加入和批准的那些国际公约中已经规定了的权利。

现今所谓"人权问题"，当然不排除上述第一、三项实然权利的落实问题，但最主要的还是第二、四项，即依某种标准来看应当立法确认和保护某些权利而尚未做到的问题。后者，也就是实然法权利与应然法权利之间的差距问题。

关于第一类问题，解决的办法很简单，就是"有法必依"：是主观上的问题，从主观上纠正；是客观上的问题，创造条件去执行。实在实行不了，通过修正退回来也可以，无论如何不能空挂一面漂亮的旗帜。

关于第二个问题，就复杂多了。因为实然法与应然法的差距涉及对于确认和保护某些权利之应然与否的判别标准问题。而这一点，正是人权问题之所以争论不休的根源所在。这是因为，造成实然法上的人权与应然法所要求的人权之间有所差距的原因可能是实然法不符合应然法的要求，也可能是应然法并不"应然"。一旦人们对于应然法之应然与否的判别标准及其根据看法相左，就会发生人权争议。问题的核心就在这里。一国之内是这样，国际上也是这样。因此，我们讨论人权问题，就必须紧紧抓住这个核心。

---

〔1〕 参见罗玉中、万其刚：《人权与法制》，北京大学出版社2001年版，第3页；何华辉：《比较宪法学》，武汉大学出版社1988年版，第61页。

二、"低度人权"，还是"梯度人权"？

无论实然法上的人权还是应然法所要求的人权，其所涉及的指标都有两项：其一是人权内容之范围的宽窄；其二是既定宽度下人权标准的高低。但是为了分析的方便，我们将这种二维的指标合而为一，用一个统一的"人权标准指标"综合代表之。于是，人权内容的"宽度"就被自动折算为（转化为）人权标准的"高度"。从而，实然法人权与应然法人权的差距，即人权争议的区间，就简化为不同人权标准的高低之差。这样，一般人权争议的焦点也就可以集中到标准之争上。

至于国际人权争议，其分歧首先是对于国际社会是否有权"过问"和评说各主权国家内部人权状况的问题认识不一致。笔者认为，既然人权是"人作为人"在社会中生活所不可或缺的法律上的充分必要资格，假如地球上某个地方有人没有享受到"人作为人"所理应享受的权利，那么，他们的同类，不管居住在地球的何处，是应该有权加以过问的。但是问题在于，我们以什么为凭据来指责那里的人权状况未达到应有的标准呢？换句话说，我们衡量他国人权状况及进行国际人权批评和对话的尺度或标准及其根据究竟为何呢？这就又回到前面的问题上来了。

在人权标准问题上，发展中国家与西方发达国家之间一直存在着分歧。分歧的焦点，正是在于以什么样的标准来衡量不同发展程度国家内的人权状况。西方国家认为，他们信奉的理性主义的人权标准是"放之四海而皆准"的标尺，一切国家都要向他们看齐。这当然是荒谬的。而从理论上揭示出其所以荒谬的，是英国学者米尔恩。他在 1986 年出版的《人权与人类差异》（或译《人权与人类多样性》）一书中对西方国家的人权标准提出了批评。同时，在此基础上提出了他的"低度人权理论"。[2] 应当说，这是一个大的进步。

但是，米尔恩的这个理论也有自己的缺陷。试想，如果对世界各个发展程度及社会经济基础和历史文化背景都千差万别的国家统一适用这一"低度人权标准"来加以衡量的话，不是仍然只有发达国家批评发展中国家的份，而绝无发展中国家批评发达国家的可能了吗？这样一来，这种对发展中国家的单向的批评和指责与各国基于"主权平等原则"进行双向国际人权对话及开展正常的国际人权批评不是仍然相去甚远吗？[3]

美国的前总统克林顿说得好："我们美国人的社会结构也不是无可责备的……我们有需要学习其他社会的地方，也有我们必须解决的问题。如果我们指望别国的人听取我们关于他们所存在问题的意见，那么我们就必须愿意听取他们关于我们所存在的问题的意见。"[4]

看来，在这个问题上，米尔恩的"低度人权理论"还没有为我们提供所需的理论工具。而且，就其理论逻辑来说，从他据以立论的"人类多样性"中所应得出的也应是"人权标准的多样性"，而不应仅仅是低度人权。低度人权肯定是需要的，但仅有低度人权又是很不够的。在"低度人权"这一起码的、最低限度的人权标准（或要求）之下限以上，还应当有一些相对的、具体的和各不相同的人权标准或要求。这才是符合客观现实的人权标准理论。笔者认为，这样的人权标准应当是一个庞大的体系，其中，低度人权是一个绝对的下限指标，对于世界

〔2〕 参见［英］A. J. M. 米尔恩：《人的权利与人的多样性——人权哲学》，夏勇、张志铭译，中国大百科全书出版社 1995 年版，第 6~12 页。

〔3〕 参见李步云："人权的普遍性和特殊性"，载王家福、刘海年、李林主编：《人权与 21 世纪》，中国法制出版社 2000 年版，第 3~12 页。

〔4〕 参见"克林顿就江泽民主席访美发表讲话"，载《参考消息》1997 年 10 月 26 日，第 1~2 版。

所有各国一律适用，无一例外。与此同时，各个不同的国家以及同一国家在不同的历史发展阶段，也都应当有与之相适应的或曰"适宜的"相对人权标准，用以指导各国实际的人权立法向此应然法标准靠拢。这样的人权标准体系，是一个绝对人权标准与相对人权标准并存的二重结构。这样的结构从整体上看，最低限度的绝对人权标准是基座，基座之上则是从低到高各种不同档次的相对人权标准，它们合起来，构成一个多层级的"人权标准阶梯"，故可称之为"梯度人权"。这样，梯度人权之论就可以在吸收"低度人权论"长处的同时，克服其不足。

那么，这样一种人权标准理论，它的客观根据是什么呢？换句话说，决定世界上不同国家以及同一国家不同时期各不相同的人权标准到底是什么呢？

笔者认为，这种决定因素不是别的，就是"道"。道者，路也。有道不行，必受惩罚。"道"即由道路这种具体的事物抽象为大千世界的客观规律。正是它决定了一个国家一定时期的实然法所确认和保护的人权状况，同时，也正是它决定了不同国家、不同时期应然法上各不相同的人权标准。也就是说，有什么样的生产力发展水平，有什么样的社会经济文化发展程度，就有什么样的社会政治体系和法律制度，从而，也就有什么样的人权状况及应然法对于人权立法之理论和原则上的指导标准。这是"道法论"在人权问题上的应用，前述所谓"梯度人权标准理论"就是由此而得出的。

三、人权之源与人权的内容结构

在人权理论上，还需要研究一个问题，那就是人权的源泉或来源问题。正如国家主权不可能是无源之水、无本之木一样，人权作为个人在社会中的权利，也必有其源泉或来源。既然人权是人作为人的"权利"。那么，人为什么会有这样或那样的权利呢？当然是人与人结合为法律社会的结果。而法律社会之组成，又是个人向社会转让其与生俱来的自由或"个人主权"之一部分所交换得来的。因此，人权的源泉，从根本上说，来自于人对于其自然主权和自由之一定的让渡及以此为对价的社会交换行为。

本来，人在未进入法律社会之前，是没有任何权利的。他所具有的除了生命及其活力、自然状态的主权或自由及与他人处于独立平等地位等项原始条件外，就只有各种本能的需要了。考虑到人类从古到今的发展历程，其需要也是不断展现和发展的，从而，事实上存在一个从低到高的多重结构。在这些需要中，排在第一位而作为基础的是生存和安全的需要，其次为自由和免受奴役的需要，再次为以自己的独立人格参与人际交往和公共事务管理（如果已经有了的话）并从他人或群体获得公平、正义、人格尊重及必要帮助的需要，最后为发展及进步的需要，最高一层是享受人生、适当行乐以及（用马斯洛的话说）"自我实现"的需要。这与马斯洛的"需求层次说"所列不完全一致，但大抵相合。正是为着满足这些需要，人们才让渡自己的自然主权和自由进行社会交换，以换回相应的权利，这些权利包括：①生存权；②自由权；③交往权；④发展权；⑤享乐权。所谓人权，就是由此而产生的。本来，它们属于人权内容上的宽度指标，但我们为分析方便可以将其转而视为人权标准上的高度指标，已如前述。

现在，对我们来说更为重要的是，由于人权（人作为人的权利）是从"人作为人的需要"中产生出来的，且具有一一对应的相互关系，人类需求的层次结构也就决定了人权内容的层次结构。这样，"五权说"（五项人权结构之说）相对于"两权说"（生存权和发展权二重结构之说）而言，就更为全面、系统和科学一些。这些权利，都可以视为"基本人权"，虽然其中的一些比另一些更基本。[5]

这里，需要指出的是，以上五大类人权是对过去、现在以至未来全部人权的高度概括。它们不仅有高低不同的层次之分，而且还有隐性结构与显性结构之分。就是说，在社会发展的不同阶段上，人的某些需要有可能处于潜藏的状态，不易为人所感知和受到重视，相应地，社会对这方面的权利也就不一定授予。联系到前面所述的"梯度人权"，我们发现，实然法上的基本人权以及应然法所要求的人权标准，都并不是从古到今以至未来都只循着一根"梯子"上到顶的。在社会政体及法制发展的不同阶段上，人权状况及衡量标准是有起有伏，盘旋上升的。这是因为，在人类社会的发展过程中，由"道"决定不可避免地要经历从"善政良法"到"暴政恶法"再到"善政良法"这样三个大的历史阶段。相应地，人权状况和标准也就会随之发生变化。但是，不管怎样，在这三大阶段的每一阶段中，人权标准又都是不断地由低到高向上攀升的。从而，人权标准的梯度发展之说也就在每一大的历史阶段都是成立的。至于"道"的演进与生产力的发展及由此决定的社会进步相一致，以及生产力的发展和社会进步归根到底决定于"道"即客观规律的问题，这里因篇幅所限不予深究。

总体来说，人类历史三大阶段各有一个人权阶梯，但三个阶梯的底座（基座）或第一档是同一的，即都是米尔恩所提出的最低限度人权标准，因为这个标准是绝对的下限指标。至于各个阶梯在此基础之上的各个台阶，则是各不相同的。我们目前所处的就是第三阶段（即否定之否定阶段）之人权阶梯的某个台阶上。在"道"的作用下，生产力发展到什么水平，人类社会进步到什么程度，我们在最低限度的绝对人权基座之上也

〔5〕　参见李龙、万鄂湘：《人权理论与国际人权》，武汉大学出版社 1992 年版，第 30~31 页。

就会有什么样高度的相对人权标准。这一点，是不以任何人的主观意志为转移的。正如马克思所说："权利永远不能超出社会的经济结构及其由经济结构所制约的社会文化的发展。"[6]

最后，再顺便补充说明一点，就是提醒读者不要误认为在历史发展的过程中，人们所让出的主权或自由一定与其所交换回来的权利成正比例。可能有这样成正比的情况，但相反的情况也不在少数。基本的情况是这样的：在善政良法条件下，让渡的主权与所交换回来的权利成正比；而在暴政恶法统治下，则不成比例，即主权被强行夺走的多而所得到的法律权利少；在社会发展的第三个大的阶段即"否定之否定"阶段，人们对其所让渡出去的主权所享有的法律权利（对主权权利）会越来越多地回到他的手中，而由这种主权所派生出来的法律权利（即主权生权利）也会更多地得到实现。这是一个值得乐观的历史发展总趋势。

---

〔6〕《马克思恩格斯选集》（第3卷），人民出版社1995年版，第143页。

第六部分　　主权论

第 18 篇　　法与权利的起源及演进

主权问题，涉及权力与权利的相互关系，这种关系包括两个方面：从一个方面说，权力是权利的客体，而权利则是权力合法性的条件；但是，另一方面，权力又是权利有效性的条件。具体地说，公共权力的存在及于必要时的恰当行使，是权利乃至一个社会的法律制度有效性的条件。这就涉及到了权利的起源及法律规范效力的依据问题。

一、原始人的法律萌芽

据历史学家考证，人类最初的社会组织是 20 ~ 50 人的集团或群队，[1] 其中较大的可达 150 人。[2] 在这样的社会组织中，不大可能会有今天我们所理解的典型的政治权力和法律权利。但是，为了维持一个群队的生存，为了较为有效地组织和进行狩猎生产及对产品（猎获物）的分配和消费，起码的模糊规则还是会有的，违反规则的处罚也是会有的，以及通过这种方式使群队成员的最低限度生存条件得以保障，这样的模模糊糊的

---

〔1〕　参见〔美〕斯塔夫里阿诺斯：《全球通史——1500 年以前的世界》，吴象婴、梁赤民译，上海社会科学院出版社 1988 年版，第 69 页。

〔2〕　参见谢维扬：《中国早期国家》，浙江人民出版社 1995 年版，第 172 页。

权利意识也是会有的。[3] 这样，在人类脱离动物界而组成为人类社会的最初，法及权利的胚胎也已在形成之中了。

撇开这种具体的历史起点不论，如果从抽象的逻辑或历史与逻辑相统一的角度分析，由于人性之初无所谓善恶，或者更确切些说，善根和恶根同时存在，则人类在史前时期的自然状态中可能既不像霍布斯所断言的必然出于性恶而互斗，[4] 也不像孟德斯鸠认为的必然出于自卑和怯懦而亲近，[5] 甚至也不一定如卢梭描述的那样首先必有一个较为宽松的生存环境直到私有制产生之后才出现现代文明社会中的不平等及相应的痛苦，[6] 而是在不同的时候和地方因具体的环境和条件不同而有不同的倾向和表现。在那些客观生存条件基本具备的地方和时候，早期人类的相互关系可能并不紧张，人性向善的一面会显现出来并得到一定的发展，彼此相互亲近并结合起来以集体的力量从自然界取得所需食物和共同对付自然灾害；反之，在那些客观生存环境和条件恶劣而先民在自然状态下不能满足所有人生存需要的地方和时候，人性中恶的一面就可能会呈现出来并且上升到主导地位，相互之间的生存斗争就会压倒亲和倾向。

对我们来说重要的是，无论哪一种情况出现并占主导地位，都会导致法和权利萌芽的出现。这是因为，在人类相互亲和、共对自然的情况下，实践中必有一些模糊的制度规范（如拥戴和服从某一权威）以协调各成员的行动；而在人类相互敌对和伤害的情况下，为避免或减少这种斗争和伤害，首先要有某种

---

〔3〕 参见周长龄：《法律的起源》，中国人民公安大学出版社1997年版，第109～112页。

〔4〕 参见［英］霍布斯：《利维坦》，黎思复、黎廷弼译，商务印书馆1985年版，第92～97页。

〔5〕 参见［法］孟德斯鸠：《论法的精神》上册，张雁深译，商务印书馆1961年版，第4～5页。

〔6〕 参见［法］卢梭：《论人类不平等的起源和基础》，李常山译，商务印书馆1962年版，第74～110页。

规范和权威来协调人们的内部关系，并建立起某种最低限度的秩序，然后才能协调众人的行动以对付自然和他方的伤害。于是，法及所保障的社会成员生存权利的萌芽就产生于人类社会始初这种生存的本能和需要，因而是从人类脱离动物界之后的原始社会就已经出现了的。那种认为法产生或起源于阶级分化和私有制出现的观点，恰恰忽略了这样一点，那就是：原始社会的财产公有制与继其之后的私有制一样，是需要并确实有相应的公权力机制及法律规范加以保障的，尽管这时法的渊源或存在形式是社会习惯而不是成文法。没有法律及相应的公权力机制，无论是原始公有制还是未来的共产主义社会制度，都是无法自我维持并良好运行的。

由此，我们看到，所谓"法律"，从最为一般的意义上来说，无非是指一个社会确定其公共秩序的制度规范。笔者认为，只有这样的定义，才能避免仅适于国内法而不适于国际法的尴尬。另一方面，有了这样的定义，则就可以说，虽然法在阶级社会中不可避免地带有统治阶级的主导倾向性或曰阶级性，但却决不能因此断言阶级产生之前及将来阶级消灭后没有也不需要法。换句话说，尽管法律现象确实不是从来就有的，而是历史地产生的，但它确确实实在原始社会末期或中后期即公有制尚占主导地位时就已经萌生了、出现了。这是无可辩驳的事实。为了与阶级社会的严格意义上的法律概念相区别，我们特将此种法律称为"前法律"或"准法律"、"半法律"。

二、法与社会交换机制

如前所说，人在自然状态下是没有权利因而也没有生存保障的。此时，他所拥有的除了自己的生命之外，只有自由或主权，而他的第一需要就是对于自己生命的安全保障。在这种情况下，他所能做并且必然会做的就是用自己所拥有的东西去交换所没有而又迫切需要的东西。这就是人与其他动物的区别所在。趋利避害本是人与其他动物所共有的本能，也是人性或人之社会性的生物学基础。但是，只有人能够以其所有去换其所无而又必需者。这就是人类具有理性力量的特点所在。由于有这样的理性能力，一个个本来除自己外谁也不服从的自由和主权的先民们才能够作出历史性的抉择，让渡至少部分的自由和主权，以创造一个共同的权威并接受和服从它的指挥，从而组成一个社会共同体并从那里换取对于自己的生存和安全给以保障的权利。

不言而喻，这里所说的"交换"与通常人们所了解的商品交换、货币交换或物物交换、劳务交换等不同。它是一种"以一对多"的多边相互交换，亦即，每个人以自己为一方而以其他所有人作为整体为另一方的交换，其实质是个人与社会的交换。故此，笔者将其称为"社会性交换"或"社会交换"（"社会交换"的概念，据郑也夫所著《代价论》一书透露，在笔者之前曾由美国社会学家乔治·霍曼斯提出并从社会学的角度给予论证过）。社会交换的发生可以是主动的、积极的，也可能是被动的、消极的；可以是明确的、有形式的，也可能是模糊的、非形式的。但就历史上所能发生的情况来说，实际是不明确的和默示的。显然，这样的"社会交换"行为，也就是欧洲启蒙学者所说的"社会契约"行为，或可称为"社会默契"行为。只不过笔者之"社会交换说"所强调的重点不同罢了。顺便指出，由社会交换行为所达致的这样的社会默契，就是人类早期的无形宪法。梅因认为，此时"法律还没有达到习惯的程度"，还只是一种"惯行"或"气氛"，因为人们的行为还没有明确和确定的规则即真正的法律可以依循，而是由一种必须或不得不服从的权威所实行的没有定规和反复无常的统治所左右。[7]
但是，人们必须服从某一权威，这本身就是明确和确定的规则，
因而也就是无形的宪法，如果这里所说的不是一个正规社会中
的强盗集团或黑社会的话。这样看来，人类历史上最早出现的
既不是刑法，也不是民法，而是社会生活中实际发挥着"总法"
作用的无形宪法。在法律现象复杂化并分化出部门法之前，刑
法应是这一"总法"的一部分。

那么，由社会交换所产生的原始法律的效力之依据何在呢？

凯尔森认为，在任何一个法律体系中，低级规范的效力来
源于高级规范，最高一层的规范为"基础规范"，它的效力之依
据在于"它是被预定为有效力的"，而之所以这样预定又是因为
不如此即不能形成任何的法律制度。[8] 这种基础规范，在国内
法中，是人们"应当守法"、"应当服从一定的人的命令"；在
国际法中，则是"习惯必须依循"、"约定必须信守"。[9] 这是
对的。然而，通观凯尔森的整个理论，不管他怎样绕来绕去也
没有能够令人信服地说明其基础规范本身的效力依据何在，这
是使人甚感遗憾的。[10]

笔者以为，国际法也好，国内法也好，其基础规范的效力
之依据都在于达致社会默契的"社会交换"机制之中。契约之
所以必须信守，是因为不如此就不能够交换到自己所需要的权
利。在一个高度发达了的现代法律社会中，违法和犯罪可以通
过司法程序加以处罚。而就国内法的原始发展阶段以及目前尚

---

〔7〕　参见［英］梅因：《古代法》，沈景一译，商务印书馆1959年版，第5页。

〔8〕　参见［奥］凯尔森：《法与国家的一般理论》，沈宗灵译，中国大百科全书出版社1996年版，第126、132页及其他相关各页。

〔9〕　参见［奥］凯尔森：《法与国家的一般理论》，沈宗灵译，中国大百科全书出版社1996年版，第131、404页及其他相关各页。

〔10〕　菲德罗斯从另一角度出发对此也有所批评。参见［奥］菲德罗斯等：《国际法》上册，李浩培译，商务印书馆1981年版，第25～31页。

处幼稚阶段的国际法来看，法的效力基本上都只能靠社会交换机制来保证，就像各国非执政的政党及社团组织之章程的效力基本上只能靠开除资籍的办法来保证一样。这里，"开除"也就是中断与被开除者的关系，使其得不到所想交换到的利益。这在原始社会及现代国际社会可谓很严厉的制裁，因为成为社会的一员是使自己获得生存和安全保障的前提和基础。在这一点上，霍布斯似乎显得更正确一些。假如单独的个人离开社会也能生存，假如现代国家离开国际社会也能发展，那么，以主权和自由去交换权利及其保障的必要性即不存在，社会交换机制也就不能发挥作用，从而，法之基础规范的效力也就无所依凭了。当然，事实不是这样。

反过来说，如果一个社会的公权力机关及所制定的法律根本违反社会大多数成员的利益和意志，如此产生的暴政的合法性及恶法的效力根据又如何呢？这就需要我们做进一步的研究了。因为人类产生始初之法，可以认为是各主权者个人通过自主决定的社会交换行为所达成的社会默契，而专制时代的暴政及其恶法则并不是大多数社会成员所希望交换的。对此，笔者认为，可以从三方面来加以分析：

第一，暴政和恶法虽然本不是大多数社会成员所希望交换到的东西，但是作为"购买"生存和安全保障时被强行"搭售"的副产品，与无政府、无法律、无秩序的自然状态相比，对于这大多数人中的多数来说可能又是更能保证其生存和安全的。暴政和恶法不可能出现在人类诞生的始初，也不大可能长期存在于社会高度发展的今天。而在诸如奴隶制和封建制时代，民主、自由、平等、博爱等等还是老百姓的奢侈品，他们最首要的需求也还是生存与安全。这样，"两害相权取其轻"，只要不是做得太过分，人民也还是愿意接受、认可、服从或忍受暴政及恶法的。至于暴政、恶法条件下许多人并没有得到其所需要的生存和安全保障，随时都有被暴君和酷吏恣意屠杀（并且往往是满门抄斩）的可能，人们为什么还忍受甚至认可暴政和恶法这一问题，其中的原因很多，但最主要的还是类似于军人临战的“侥幸心理”在起作用。

第二，从社会交换的角度看，在交换关系尚浅之时，退出交换是较容易的。然而，随着人际交往的深化，前述社会交换关系也日益深化，其最明显的标志就是社会公权力设施的建立、巩固和完备，以及交往规则的形成、确立和成熟。这种趋势持续发展，到一定程度就会发生质的变化，亦即，即使出现有违社会成员参与交换初衷的情况，恐怕已是欲罢不能了。

第三，由于暴政不是产生于社会公权力诞生之初，而是由原始民主制蜕变而成，相应地，恶法不是最初的社会交换结果，而是由原来自由合意之社会默契演变而成，因此，可以认为，暴政与恶法条件下的主权之所有权仍在人民手中，但该权利之客体即主权（最高权力）本身已被此权力之使用权原来的合法行使人所窃居。于是，对该主权之占有的性质发生变化，由合法占有蜕变为非法的强行占有。或者说，主权已被原始社会后期的首领们所篡夺。高压统治和强权已成为维持不平等秩序的重要支柱，支撑着统治者的统治，并因而成为恶法之效力的一种依据。在这种情况下，基于主权的占有之债，产生了占有者对该主权的“虚拟所有权”。相应地，暴政也就有了“虚拟的合法性”。

三、主权与法律权利的演进之道

总起来说，暴政的合法性及恶法效力的根据部分地归于人民的勉强认可，部分地归于强力及对主权的强行占有。而将其与社会交换形成的社会契约性民主政制及良性法律合并起来考量，则一切政制和法律的效力依据归根结底皆取决于“道”。道者，路也。由“路”这一具体事物抽象出来的客观规律——道，既是法之效力的根据，也是法之产生、发展和演变的决定力量。人类产生之初之法，之所以为社会契约性良法，当时的政制之所以为原始民主制，是由"道"所决定的，因为在当时的生产力水平及由其决定的人们相互关系水平上不可能产生后来出现的专制君主制度和暴政恶法现象。反之，私有制之所以产生及产生之后的政制之所以为专制暴政，其法之所以为恶法，也是由道决定的。因为，随着生产力水平的提高及剩余产品的出现，一批专司管理职能的社会成员开始固定下来并形成一个管理者阶层，这些剩余产品和专职管理人员之处于首领个人直接管控之下的局面也随之形成。所有这一切，使得原来的民主政制及其制约下的公权力机关不发生蜕变是不可能的，人们的相互关系规范即广义的法不发生质变也是不可能的。

而且，更残酷的是这样的现实，当出现专制、暴政和恶法的时机成熟或条件成就而消灭它们的条件尚很遥远的时候，如果一个身为首领的人具备了成为专制君主的条件而不为之，别人也会取而代之的，甚至还可能因此而给其带来杀身之祸。这就是"道"即规律的不可违逆性；一旦违反，就会遭到"命运"的惩罚。同样，在生产力发展的更高阶段，专制之所以必然要让位于民主，恶法之所以会逐步地良性化，更是由道所决定的，不依人的意志为转移的。卢梭不懂道与法的关系和道法论原理，所以他的社会契约论只能是历史唯心主义的。读过卢俊著作的人都可能会为他不妥协的反专制精神所倾倒。恶法无效、暴政非法是他所要表达的基本观点。[11] 这是十分可贵的。但若脱离他所生活的那个时代已经产生的历史要求来抽象地谈论此一问题，则从实在法和道法论两个方面看，则都是不对的。

---

〔11〕 参见［法］卢梭：《论人类不平等的起源和基础》，李常山译，商务印书馆1962年版，第200页；［法］卢梭：《社会契约论》，何兆武译，商务印书馆1980年版，第89页。

在实在法上，恶法也是法，而暴政也合法，因为它正合于恶法。从道法论的角度看，恶法当然不合道，因而总有一天"法将不法"。但是其一，在这一天到来之前它还是法；其二，这一天什么时候到来是由"道"即规律决定的，条件成熟前急也没用，条件成熟后想要阻挡也不可能。查理一世和路易十六均因企图阻挡这一进程而上了历史的断头台。这是"道"给予其的"报应"。当然，条件不成熟而强为之，也是要受"道"之惩罚的。许多早产和激进的"变法"之败，即属此类。这是不明道法关系和道法论的反面教训，理当吸取。

由此可见，法律及所保障的权利的产生和演进过程有一定的历史规律，那就是：原始社会所形成的公权力机制是原始民主制，此时的萌芽之法是良法，即基于自由的个人主权者为获得法律权利和有保障的生存条件而让渡其自由和主权所达成的社会默契而形成的社会习规；私有制出现之后，公权力机关蜕变为专司镇压被剥削者的暴力设施，良法发生质变而成为恶法，即统治者意志的体现和保证其暴虐统治的工具；第三阶段是否定之否定，即在新的更高的基础上对原始社会的回复。所有这一切都是由道决定的，不可违逆的。人类社会从善政良法到暴政恶法再到善政良法次递演进之内在的历史必然性也就在这里。

第19篇　主权与法律圈层的扩大

一、发现：一个世界历史演进的规律

人类最初的组织结构是几十人一组的"群队"，翦伯赞先生称之为"原始群"。[1] 此时虽然没有现今我们看到的典型的法律现象，但法的胚胎已在形成之中。其后，随着人类的进化，社会的组织化程度日益提高，较小的群体不断组合为更大的群体。从最初没有家庭到某种形式的家庭出现，并向更为高级的形式演变；由家庭、氏族、胞族到部落再发展到部落联盟、酋邦和国家——这是人类社会群体不断扩大的大致线索。在此过程中，法由孕育着的胚胎开始萌芽，继而生长、壮大、成熟，并不断扩大自己的适用范围，像树之年轮一样，形成圈层扩大的历史轨迹。

由于人类社会组织规模的扩大与法律圈层的扩大是同一过程的两个方面，所以，如果我们把前述群队及后来较大一些的社会群体统统看做是某种"群"的话，那么，社会组织本身的进步及规模扩大就表现为"群"的扩大，而法律圈层的扩大则表现为由各分散群体的"群内法"并存格局转变为各自"群内法"与共同的"群际法"并存格局、继而经由"群体间法"到"群体上法"的过渡而变为新的更大群体的群内法（即"一体化法"）这样的过程。此种过程，也是人类联合起来的主权或"联合主权"从较小群体向较大群体转移的过程，相应地，此种

---

〔1〕 参见翦伯赞主编：《中国史纲要》（上册），人民出版社1995年版，第2页。

主权之信托所有权及其派生权利和权力也同时从较小群体的公权力机关，转移到较大群体的公权力机关手里。这样，展现在我们面前的，就是一种"三位一体"的历史进程。

显然，上述"发现"并没有什么新异之处，因为这些都是历史学家和法学家们熟知的情况。笔者所做的，只是从新的角度加以开掘。但它对我们的启发意义，确实是重要的。为使读者便于对此有所了解和理解，让我们一起重新审视一下相关的史实吧。

二、一些相关的史证材料

从历史与逻辑统一的角度看，除了家庭和氏族都尚未产生的早期群队之外，人类社会最小、也最核心的法律圈层当属家族法（家内法）。在那些氏族公社未解体的时候和地方，家族或大家庭是氏族的组成单位，而在氏族公社发生解体的时候和地方，家庭则是其取而代之的社会基本组成单位。比如，在中国，大约在公元前 21 世纪，"便打破了氏族社会的第一个缺口，由家族取代了氏族而成为社会的基本细胞……进入了父权制时期"，出现了"家族法"即大家庭的"家内法"。这种情况比较独特。[2]

一般说来，从家庭中发展出并组合为氏族，而"氏族一旦成为社会单位，那末差不多以不可克服的必然性从这种单位中发展出氏族、胞族及部落的全部组织"。[3] 尽管在部落社会之前由群队开始的发展除了像细胞分裂一样的分化过程之外也有一个群体合并过程及相应地由众多小群体"群内法"并存到各

〔2〕 参见张晋藩：《中国古代法律制度》，中国广播电视出版社 1992 年版，第 18 页。

〔3〕 参见恩格斯："家庭、私有制和国家的起源"，载《马克思恩格斯选集》（第 4 卷），人民出版社 1995 年版，第 94 页。

群体"群内法"与"群际法"并存进而演变或被整合为较大群体之"一体化法"的过程，但现在对我们来说更有意义也更便于分析的是由部落到部落联盟的发展。部落与部落联盟相比无疑是规模较小的群体，同时也是基本的群体，部落联盟则是这种群体的复合体。当然，在历史上，氏族是组成部落的基本单位，联盟建立后自然也"以氏族为基础和核心"，[4] 因而实际上，部落也是复合结构，即由若干氏族或胞族组合而成的群体（胞族本身是由氏族组成的复合体）。但是，现在为了便于分析，我们则把部落的内部关系视为单一结构，即已经消除了内部法律圈层痕迹而由一体化法直接调节的群体。在这种情况下，部落内部的社会习俗或习规是"群内法"，而关于部落与部落相互关系以及部落与联盟之间关系的规范则为"群际法"。部落联盟诞生之初，类似于今日之联合国。

恩格斯在谈到美洲印第安人部落时曾经指出："在原则上，每一个部落只要没有同其他部落订立明确的和平条约，它同这些部落便都算是处在战争状态。""在有些部落中间，有一个最高首领，但他的权力并不大。""绝大多数的美洲印第安人，都没有超过联合为部落的阶段。……但在个别地方，最初本是亲属部落的一些部落从分散状态中又重新团结为永久的联盟，这样就朝民族（Nation）的形成跨出了一大步。"[5] 在中国，最早的奴隶制国家夏王朝是在由 12 个氏族部落组成的部落联盟的基础上建立的，"夏"就是原部落联盟的名字[6]。谢维扬也指出，"在一定的条件下，有些部落之间会建立起进一步的联合关系，

〔4〕 参见［美］路易斯·亨利·摩尔根：《古代社会》（上册），杨东莼等译，商务印书馆 1977 年版，第 122 页。

〔5〕 参见恩格斯："家庭、私有制和国家的起源"，载《马克思恩格斯选集》（第 4 卷），人民出版社 1995 年版，第 91~92 页。

〔6〕 参见翦伯赞主编：《中国史纲要》（上册），人民出版社 1995 年版，第 11 页。

但这种联合并不是普遍的，同时，必须注意到，在不同条件下部落间联合的方式和性质也是很不相同的"，"正式的部落联合体属于比部落社会更高一级的社会组织"[7] 这种更高的社会组织，依笔者的理解，就是早期国家的雏形。

摩尔根在《古代社会》一书中，对美洲印第安人中的易洛魁人联盟的历史及当时的现状有深入的研究。从中我们得知，联盟是由五个部落召开结盟会议决定组建的，其特征是：①联盟的组织原则是所有加盟部落一律平等；②联盟设有一个由 50 个来自各部落的首领所组成的全权大会，作为联盟的最高权力机关；③联盟没有自己的最高行政长官；④每一项公共法令均须大会一致通过方为有效；⑤联盟不干涉各加盟部落的内部事务。[8]

尽管如此，结盟之后各部落原来的自由相对减少了，过去一个部落自己说了算的有些事情现在须经联盟会议（即各部落首领集体）说了算，这就意味着，主权的一部分已从部落一级转移到了联盟一级。那么，既然如此，他们为什么要组建联盟呢？由于当时的结盟会议不可能有什么记录材料留存下来，我们对此只能加以推断。以笔者之见，同宗同族同语言可以算是结盟的一个条件，但不会是结盟的动因。动因也许不止一个，如安全、经济、大群体的集体荣誉和自豪感等，但最首要的动因应是安全问题。因为结盟之前"凡是部落以外的，便是不受法律保护的。在没有明确的和平条约的地方，部落与部落之间便存在着战争，而且这种战争进行得很残酷，使别的动物无法和人类相比"。[9] 这样，通过组建部落联盟和扩大法律圈层，

---

〔7〕　参见谢维扬：《中国早期国家》，浙江人民出版社 1995 年版，第 174 页。

〔8〕　参见［美］路易斯·亨利·摩尔根：《古代社会》（上册），杨东莼等译，商务印书馆 1977 年版，第 120～148 页。

〔9〕　参见恩格斯："家庭、私有制和国家的起源"，载《马克思恩格斯选集》（第 4 卷），人民出版社 1995 年版，第 96 页。

即可以和平方式解决联盟内部各部落之间的争端，从而确保加盟各部落之间不发生战争。

希腊和罗马人的氏族社会与美洲人及中国夏朝之前的氏族略有不同。希腊人，正如恩格斯所指出的，"在他们出现在历史舞台上的时候，已经站在文明的门槛上了"，他们的氏族"已经不再是易洛魁人的那种古老的氏族了"，"胞族可能是没有的……部落联盟也可能不是到处都成立的，但是无论如何氏族是基本的单位"。氏族（或胞族）组成部落，其中有的部落则"联合成为一些小民族，在这种小民族内部，氏族、胞族和部落仍然保持着它们的独立性"。后来，随着社会交往的发展，社会成员开始跨氏族、胞族或部落杂居，为了管理的方便，血缘部落让位于"地区部落"，"民族"取代美洲人的部落联盟成为新型的联合体。其结果是，"在雅典设立了一个中央管理机关，……以前由各部落独立处理的一部分事务，被宣布为共同的事务，而移交给设在雅典的总议事会管辖了。……于是就产生了凌驾于各个部落和氏族的法权习惯之上的一般的雅典民族法；只要是雅典的公民，即使在非自己部落的地区，也取得了确定的权利和新的法律保护"。恩格斯接着指出"这样一来就跨出了摧毁氏族制度的第一步"，为雅典国家的诞生奠立了基础。[10] 顺便说，这也从一个侧面证实，即使在恩格斯的心目中，法律现象也是国家正式产生之前即已开始出现了的。

以上所述的希腊氏族向文明社会的过渡，清楚地表明了主权转移和法律圈层扩大的过程。随着国家的诞生，雅典与希腊其他"具有主权性质的城邦国家"之间不可避免地会发生邦际交往，并产生"具有类似现代国际私法、国际法性质的邦际关

[10] 参见恩格斯："家庭、私有制和国家的起源"，载《马克思恩格斯选集》（第4卷），人民出版社1995年版，第97、102、108、116页。

系法和战争与和平法"。[11]

　　关于罗马，恩格斯指出："如果说，希腊氏族是我们在美洲红种人中间发现其原始形态的那种社会单位的进一步发展，那么，这对于罗马氏族也是完全适用的。"[12] 一般认为，罗马的氏族制度与希腊大体相同，只是越到后来差异越大。[13]

　　根据众所周知的传说，罗马城是大约公元前 8 世纪在若干分散小村落的基础上建立起来的。比城邦小的群体为家庭和氏族，比城邦大的群体为联盟。意大利著名罗马法学家朱塞佩·格罗索的研究表明，法是不断地由较小群体向较大群体扩大的圈层结构。而在较大法律圈层形成的初期，此较大群体公权力的功能或职权是非常有限的，正如美国建国之初依"邦联条款"所承担的职能非常有限一样。正是从罗马及罗马法（包括公法）的发展史中，人们可以清楚地看出主权怎样从家父或家长手里转移到国家手中，看到法律圈层怎样从罗马城邦不断地扩大开来，通过市民法与万民法的并存、区分以及这种区分之最终的消失而扩及于整个帝国。[14]

　　在中国古代，社会组织的群体和法律圈层也是不断扩大的。夏禹涂山之会，说是有"万国"，荀子也说到"古有万国，今有十数焉"（《荀子·君道》），甚至"周初，尚有八百国"（《通

---

　　〔11〕　参见由嵘主编：《外国法制史》，北京大学出版社 1992 年版，第 48～63 页。

　　〔12〕　参见恩格斯："家庭、私有制和国家的起源"，载《马克思恩格斯选集》（第 4 卷），人民出版社 1995 年版，第 118～119 页。

　　〔13〕　参见恩格斯："家庭、私有制和国家的起源"，载《马克思恩格斯选集》（第 4 卷），人民出版社 1995 年版，第 118 页；以及［美］斯塔夫里阿诺斯：《全球通史——1500 年以前的世界》，吴象婴、梁赤民译，上海社会科学出版社 1988 年版，第 227～228 页。

　　〔14〕　参见［意］朱塞佩·格罗索：《罗马法史》，黄风译，中国政法大学出版社 1994 年版，第 11～26、95～109 页及其他各处；［英］梅因：《古代法》，沈景一译，商务印书馆 1959 年版，第 76～79 页；周枏：《罗马法原论》，商务印书馆 1994 年版，第一编及其他各处。

典》卷一七一）。[15] 以笔者之见，这里所说的"万"和"八百"都可能是"大而概之"的夸张之词，但当时的"国"之数量众多是则确定无疑的。如此众多的部落邦国和（或）诸侯方国，到东周时期战国末年只剩下七强，形成所谓"七强模式"。[16] 秦的统一无疑是六国之主权向秦国的转移和法律圈层的一次大扩展，但此前和此后也莫不如此。

三、历史发现的总结和概括

看来，在世界最后统一（"定于一"）之前，人类社会组织群体和法律圈层扩大的努力一直在进行着，只是扩大的途径或方式有所不同而已。具体的途径或方式可能很多，但大而言之只有两种：一种是和平的方式；一种是非和平的途径。前者，如易洛魁部落联盟、希腊和罗马城邦的组成、北美十三州的联合、前苏联的成立以及目前正在形成中的欧洲联盟，等等；后者，如罗马帝国的建立以及帝国解体后中世纪欧洲一些王国的建立，还有中国历代王朝的统一，等等。

大体说来，和平方式主要是缔约结盟，而非和平方式则主要是武力征服。那么，一个国家、一个地区乃至全球的统一或法律圈层的扩大在什么条件下可通过缔约方式，在什么情况下则须通过征服的方式来实现呢？其中的机制、原理和规律又是什么呢？这是需要认真研究的。

首先，就组织群体和法律圈层扩大的动力机制来说，有以下几点可以确定：

第一，人类社会发展的早期主要是出于安全上的考虑，已

---

[15] 参见张晋藩：《中国法制史》，群众出版社 1982 年版，第 15 页。

[16] 参见庞雨：《世界政治大趋势——〈联合国学〉之一》，中国社会科学出版社 1994 年版，第 181～182 页。

如前述；当社会发展到一定程度而相互之间的安全关系基本确定或外部安全条件略有保障之后，虽然安全考虑仍很重要，但经济利益上的考虑则占据日益重要的地位，如从西欧开始的整个欧洲的联合及其不断升级。

第二，在民主政制条件下，群体利益几乎是推动统一进程的唯一因素，个人荣耀不甚重要；而在专制主义政权下，君王追求个人荣耀虽不一定是决定性因素，但至少比在民主政制条件下实际起着更为重要的作用。

第三，即使就经济因素而论，专制时代侧重于统治范围扩大给王朝财政增加岁入或税收上的考虑，而民主政制条件下则兼及民众所能由此得到的好处。

其次，在扩大方式或途径的选择上，或者，不谈主观上的选择，仅就历史上实际发生的组织群体和法律圈层扩大方式而言，有以下几种情况：

第一，人类越发展，脱离原始状态越远，理性的考虑即对于战争的成本—收益之分析相对于本能的反应和感情的冲动起着更大的作用。

第二，由于人类脱离动物界之初组成的社会必是原始民主制，专制政体只能是由原始民主制蜕变而成并继其之后，又由于民主较专制更重视公众的利益，而战争所损失的生命主要是由民众子弟而不是由高级将领和政客们承担的，故社会组成之初相对于继其之后的专制时代而言，更倾向于通过和平即缔约的方式扩大群体规模和法律圈层。

第三，生产力越发展，人们的物质和精神生活条件越好，人们关于"人生来不是为了受苦受难，而是为了享受人生"的观念也就越明确，与其同时，"人人平等天经地义，人不平等至为不义"和"平民非草芥，生命贵如天"的观念也就越普及。这样，现代社会就更倾向于通过契约方式而不是武力征服来实现群体规模和法律圈层扩大的目标。换句话说，古时一般平民百姓的生活条件较差，时有生不如死之感，常贱视生命，使得统治者较易于找到甘愿充当炮灰和死而无憾的人。在这种情况下，武力征服即使不是首选方式也较现今发生的可能性为大。反之，当今时代及未来，人的生活条件日趋改善，人们珍惜生命胜过一切，使得单纯为统治者之政治游戏而甘愿卖命者越来越少。在这种情况下，通过武力征服以扩大法律圈层的可能性就大为降低了。

最后，虽然群体规模的扩大和法律圈层的扩大是同一过程的两个方面，但这一过程并不一定与法律的一体化进程相同步。基本的情况是：

第一，如果是征服，征服群体与被征服群体是不平等的，所以，适用于征服群体的法律一般不会一下子扩及被征服群体。这方面最典型的例子是罗马法中"市民法"与"万民法"的区分。但也有相反的例外，如秦灭六国统一四海后，原秦律即基本上无条件通行于全国，或者，新颁布的律令也是基本上无差别地适用于全国各郡县。

此外，除保持征服者特权的那部分法律外，关于国家治理的公法规范及民众平权的那部分私法规范，一般都是随战争的结束由征服者"一竿子插到底"——扩及于被征服群体的。

第二，与此相反，如果是通过缔约方式而和平结盟，则大群体形成初期的相当长时间内，小群体的群内法依然保留或基本不变。这样，原来各分散群体之"群内法"并存的格局就转变为各自"群内法"与共同的"群际法"并存的格局。与其同时，"群际法"中的一部分开始由"群体间法"向"群体上法"转变，并经过一定的发展阶段后转变为直接适用于原各小群体之内之法，亦即，由仅只涉及各小群体相互关系的法律规范演进到其权利义务规定及于新的大群体内成员个人的"一体化法"。不过，这种一体化法产生之后，也有一个内容和范围上逐步扩大和由量变到质变的过程，最终使大群体内原各小群体的群内法趋于消失，而大群体的一体化法则取而代之，成为该大群体的群内法。

上述法律整合或统合过程一旦完成，此大群体就又作为独立的群体与其他群体发生关系，从而形成新的更大的群体，并开始新一轮法律整合或统合过程。这种过程持续进行的结果，就使人类的法律圈层不断扩大，直到将来或许有一天把整个地球上的人类全部统一为一个群体为止。当然，更大的可能是上下两层分权分治的二重结构，亦即，通过二重化实现全球化，实施全球治理。

四、进一步的分析论证

然而，这里所说的法律圈层不应与单一结构国家里的地方法律圈层相混淆，因为地方的立法权是主权政府（广义）通过宪法（经人民认可）授予的。事实上，目前世界上几乎所有国家的法律结构和范围都是经过一次又一次圈层扩大的结果。不同的是，复合结构的国家里，主权（实为其"组织性信托所有权"及相应的派生权利和权力）并没有完全转移到联邦政府手里（邦联就更不用说了），因而并没有完全消除多圈层法律结构的痕迹。而在单一制国家里主权已经基本上转到了中央政府手里，从而其内核圈层法律构成的痕迹也随之消失，取而代之的是由已经集中起主权权力的中央政府根据分权原则所授予的地方立法权，其法律结构应被视为已经整合或统合为一体化法的单一结构，而不是复合结构。由此也可以见得，主权转移与群体扩大及法律圈层扩大是三位一体的历史进程。

如前所述，在主权向上转移和法律圈层不断扩大的过程中，由于主权归根到底属于人民，人民是决定是否及何时或何种情况下将主权由较小群体转交给较大群体的真正主权者，同时也是决定转移多少主权以及哪些方面的主权让渡给哪一级公权力机关的真正主权者。另一方面，由于实际执掌社会群体最高权力者是该主权的信托所有权人（若此，则同时是主权的合法占有和使用权人），或者，如果是专制政权的话，是主权的强行占有和使用者，因此，它们对于主权的转移也至少有初步和直接的部分决定权。

撇开这一点不谈，假定一个拥有主权的较小群体其内部关系是民主的，并且其人民与主政者的决策思路是一致的，那么，决定其主权是否向较大群体转移及转移多少的依据就是"让渡主权所换回的收益"与"转移主权所造成的成本"二者之"比"。从静态的角度看，"以主权换权益"所根据的是"收益最大化原则"；而为此所要动态把握的交换之"度"的原则则是，此种交换应止于"边际成本等于边际收益"的最佳点上。也就是说，只要让渡主权所造成的成本小于所交换到的收益，就可以继续进行这种交换；一旦出现所付成本大于所得收益的情况时，则力争退回到最佳点上，如前苏联一些加盟共和国似乎感到加入前苏联"得不偿失"，故有 1991 年的"退盟"之举。此外，还有捷克与斯洛伐克的联盟及解体，新加坡与马来西亚的联盟及解体，埃及与叙利亚的联盟及解体，等等。总之，只要得大于失，就结盟，并将至少一部分主权转移到新组建的联盟手里；反之，得不偿失，就收回主权，复归独立。认识这一点，对于目前正在改组和发展中的欧洲联盟以及未来的联合国改革，都有重要的启发意义。

五、对此发现的"道法论"解说

正如法及法律权利在人类历史上的形成、出现、发展或演进归根到底取决于"道"一样，人类社会组织群体的规模扩大和法律圈层扩大，以及此种扩大之实现方式或途径的采用和确定，还有此种过程中的主权转移等，也都是由"道"即自然界和人类社会的客观总规律所决定的。社会生产力发展到什么水平，人们的社会关系进化到什么程度，就会有什么样的群体组织结构和什么样的法律圈层结构及其形成或实现途径，同时也就有人民对自己主权相应的支配方式和行使方式。所有这一切，都是受"道"制约、由"道"所决定的。"道之所在，法之所依；道之所指，法之所趋。"这是"道法论"（Taoist Theory of Law）即马克思主义法哲学的中国化表述。[17]

---

〔17〕　余元洲："道法论刍议"，载《湖南工程学院学报》2002 年第 3 期；以及余元洲："马克思主义法哲学与道法论原理初探"，载《武汉大学学报》（社会科学版）2002 年第 5 期。

第 20 篇　主权理论与国际新秩序

一、从主权的相对性谈起

第二次世界大战之后，"绝对主权论"因时失势，而"相对主权说"则渐占上风。[1] 已故著名国际法学家王铁崖先生即曾指出："中华人民共和国从来不主张绝对主权学说。……它所一贯支持的和平共处五项原则明显地表明主权实际上是受其他四项原则的限制的。……因此，那种认为主权属于绝对的性质并给予国家以为所欲为的自由的概念，是确定地被排斥的。"[2] 可以说，"主权相对性"之说在我国及当今世界已经基本上成为定论。

然而，问题在于，"主权是相对的"意味着什么？

从哲学上说，主权的"相对性"意味着主权的条件性，亦即，在主权的形成、续存以及行使三个方面都不是无条件的，而是有条件的。这里，所谓"有条件"，所指的正是在此三方面都要受各种主观条件和客观条件的限制。因此，那种认为"只有主权的行使可以受限制，而主权本身则不受限制"之说，是片面和不正确的。[3]

现在，让我们来看一看主权所受主、客观条件限制的情况。

---

〔1〕　参见翟玉成："论国际法上主权问题的发展趋势"，载《法学评论》1997年第 3 期。

〔2〕　参见王铁崖："中国与国际法——历史与当代"，载中国国际法学会主编：《中国国际法年刊》(1991)，中国对外翻译出版公司 1992 年版，第 69 ~ 70 页。

〔3〕　1996 年 12 月 5 日下午在外交学院举行的中国国际法学会年会暨主权问题学术讨论会上，曾有学者发言表达此意。

首先，主权所受的主观限制包括主权者自身条件的限制及主权者自愿进行的限制两种情况。前者带有一定的客观性，是主权者非其所愿的主观限制，故可称之为"准客观条件限制"，尽管这种限制可能会随着自身素质的改善及某方面条件的具备而松动或被打破。相反，后者则是由主权者根据自由意志所选择的自我限制，属人为的自我限制，可随时由主权者加以改变，但其中有些限制，由于主权者不愿承担"朝令夕改"的恶名，也有一定的拘束力，比如，主权国家通过立法所加于自身的限制，即属此类。

其次，就主权所受的客观限制来说，情况更为复杂。它既包括外在于主权者的非人为客观条件的限制，也包括外在于主权者但属于人为的客观限制（如国际社会对违反国际法的主权国家进行制裁就属于"限制主权"的国际责任形式之一）。

最后，对我们的研究更重要的是，主权者与其他主权者基于平等和自愿原则所达成的协议，由于已经不是单独一个主权者意志的体现，故而对于任何一个参与协议的主权者来说，都是一种非常特殊的客观条件限制。在这种情况下，主权者相互间的协议，就具有"群际法"的性质。这种"群际法"既然是各个主权者共同意志的体现，非任何一个主权者仅凭自己单方面的主权所能废除和更改，那它就确定无疑地高于任何一个主权者的主权。从这个意义上说，1946 年 12 月 6 日联合国大会所通过的《国家权利义务宣言草案》第 14 条关于"各国有义务遵照国际法及国际法高于各国主权之原则，处理其与其他国家之关系"的规定是完全正确的。

二、主权问题的进一步讨论

不仅如此，各主权者还可通过相互间协议（即国际条约）决定组建共同的权力中心，以行使各主权者自愿让渡并已联合起来的那部分主权，即"联合主权"或"共同主权"。这方面，最典型的例子是欧洲联盟。

最近，欧洲的一体化进程由于法国和荷兰在全民公决中否决了《欧盟宪法条约》而受到阻碍，但这并不能影响和改变欧盟已从原来的国际组织（国家间机构）转变成为超国家实体（相应地，欧盟法也已由原来纯"国家间法"性质的国际法转变为"国家上法"性质的共同体法）这一客观现实。因此，我们很难说"欧宪"生效施行前的欧洲联盟就没有任何主权，也很难说欧盟各成员国仍然拥有百分之百的完全主权，更不能说这些成员国已经不再是主权国家了。

事实上，自从人类脱离原始状态并组成为法律社会以来，世界上从来就没有拥有百分之百最高权力的行为主体。从某种意义上说，亦即，如果我们将"主权"（sovereignty or sovereign power）理解为"最高权力"（the highest or supreme power）的话，个人仍然是部分的主权者，仍拥有至少一部分至高无上的自主决定权；由众多个人组合为集体的人民更是如此，并不因为将部分主权通过组织性信托托付出去而丧失主权。[4] 同样地，家庭或家族至少在某些国家里的特定时期是一部分主权的拥有者；而国家或社会公权力则是另一部分主权的拥有者。这方面，古罗马时代的早期和中期是典型例证。[5] 一部罗马法史，一定意义上说，也就是主权从"家父"手中不断地向国家公权力机关转移的历史。"家父"对于"家子"和奴隶的生杀予夺权力，直到帝国后期才逐渐消亡。[6] 广而言之，不同圈层的公权力组

〔4〕 参见［意］卢伊杰·拉布鲁纳为西塞罗《论共和国》所写的译本引言，载［古罗马］西塞罗：《论共和国 论法律》，王焕生译，中国政法大学出版社1997年版，第7页。

〔5〕 参见［意］朱塞佩·格罗索：《罗马法史》，黄风译，中国政法大学出版社1994年版，第13页。

〔6〕 参见周枏：《罗马法原论》，商务印书馆1994年版，第一编及全书各处。

织，分别拥有个人和家庭之外的那部分主权，是很常见的现象。比如，在美国那样的联邦制国家，联邦和各州就分别拥有大小不同的部分主权，只是基本主权有一种从州一级向联邦一级发生转移的客观趋势和进程罢了。

这里的关键在于，根据唯物辩证法，事物的性质是由该事物所包含的不同因素中居主导和支配地位的方面所决定的。因此，看一个群体是不是主权实体，并不是看它是否拥有自己百分之百的主权，而是从其主导方面看它是否基本上是一个自己拥有最高决定权的单位。比如，美国的州原来是主权实体，而邦联作为"州际组织"虽然得到了一部分各州转移来的主权，并以此为基础形成为一个具有一定"共同主权"或"联合主权"的各州行动协调中心，但就其主导方面来说，还没有达到取代各州之"主权者地位"而成为"主权实体"的程度。只是到了联邦宪法通过之后，特别是 19 世纪南北战争以北方的联邦政府获胜而告结束之后，各州向其共同权力中心转移主权的过程才发生质的改变，从而各州根据宪法虽然仍分散保留相当一部分主权，但就其主导方面来说，已经不是"主权单位"了，取而代之的是联邦政府。这时，只有这时，美利坚合众国才真正成为主权国家，虽然它仍不拥有、也不可能拥有百分之百的完全主权。

同样道理，当今的欧洲联盟虽然也得到了各成员国转移过来的一部分主权，并以此为基础逐步形成为一个具有一定联合主权的共同权力中心，但就其主导方面来说，还没有达到成为主权实体或主权单位的程度，各成员国因而也还不失为主权国家。这一点，即使在《欧盟宪法条约》通过、颁布、施行以后，未来很长时间内也不会有根本性的改变。

顺便说，正如自然界存在着物质不灭和能量守恒定律一样，在人类社会的历史发展中也存在着某种类似的现象和规律，那就是：主权不灭或守恒定律。根据这一定律，任何时候、任何一个国家（或超国家实体）的主权，都不是无本之木、无源之水。其本在民，其源在人，即由组成群体的每一单个个人之无法无天的自由状态（原始主权或天然主权）之一部分集合而成为国家主权，进而由各国的国家主权之一部分集合起来成为各国共同的联合主权。未来我们战胜美利坚帝国之单边主义霸权行径的唯一指望，即在于此。对此，学者们可能会有不同看法，如陈安教授就曾经借批美国杰塞普的"跨国法"理论之机而对其"联合主权论"也不分青红皂白地大批一通，反映出他根本不了解"联合主权"在今天对于广大发展中国家联合抵抗单边主义霸权和强权的积极意义。[7]

但是，无论如何，各主权者通常只拥有"不完全主权"这一点，已经是不争的事实，只是其"不完全"的程度各有不同罢了。从这个意义上讲，所谓"主权完整"只能相对而言；绝对的主权完整是一种不现实的幻想。而且，从根本上说，主权的相对性也正是由于其不完全性所致。

本来主权作为"最高"权力，其相对性即在于此种"最高性"是相对的，只能在一定的范围内和法律的规制下最高；一旦超越，即无最高可言。而这种"范围"和"规制"的形成，正是各独立主权者向"群际组织"转移部分主权的结果。可以认为，在使主权之形成、续存和行使各方面受限制的诸多因素中，来自"群际法"及主权者所认可的更高层次"共同体法"的限制是使主权成其为"相对主权"的最主要因素。若无此种法律限制，一国的主权就基本上可以认为是绝对的主权。而造成主权者受"群际法"和（或）更高层次共同体之法律规范约束而不得随心所欲加以改变的原因，也正是主权者已经让出了部分主权，只剩下不完全的主权，从而使得自己手中所掌握的

---

　　[7]　参见陈安主编：《国际经济法学》（第2版），北京大学出版社2001年版，第28页。

主权成为"相对主权"。

更重要的是，主权的相对性及主权受"群际法"和更高层次"共同体法"限制或约束的程度与主权的"不完全性程度"是成正比例的：小群体之主权向大群体（即上一层级公权力机关）转移得越多，由此产生的"群际法"和更高层次"共同体法"对尚存留于小群体手中的主权的限制或约束就越多，从而，其相对性也就越大。而且，这种"群际法"和"共同体法"对较小群体手中的那一部分主权的限制和约束并不仅及于其"行使"，还可能直接影响到其"续存"。也就是说，如果我们从动态的、发展的观点看问题，则保留一部分主权于手中的较小群体之"主权者地位"是并不稳固的。当主权之"量"上的大部分和"质"上的关键部分尚留存于自己手中时，它依然是一个主权者，尽管其主权已具有相当的相对性和拘束性；而当其主权之量上的大部分和质上的关键部分逐渐转移到上一层级公权力机关手中时，即使其手中仍留存相当一部分的主权，但这时其主权的"相对性"之大，已经大到可使该小群体不再成其为主权实体的程度，从而使自己走向反面。至于为什么总是会发生这样的转移，为什么事物偏偏具有这样的发展趋势而不是相反，那是由于主权的终极所有权掌握在人民手里，而主权不断地从较小群体向较大群体转移（而不是相反）可以给人民带来安全上和经济上更大的利益这一根本的动力所致。当然，这一发展进程及其速度都是由"道"即客观规律决定的，非人的主观意志所能左右。

应当承认，以上所述只是历史发展的大走向和大趋势，它并不排除某一时期、某些地区也有出现相反情况的可能。但是，基本的规律及其理论表述只能如是而已。今日各国主权政府受制于国际法规范和部分国际组织所订规章制度，就一方面表明其主权的相对性，同时也表明其主权已经有一部分转移到了国际社会手中。只是由于世界上的国际组织千差万别，某些紧密型区域性组织的组织化和法制化程度较高，其成员国向共同体组织所转移的主权也较其他国际组织之成员所转移的更多一些罢了。这主要是由于不同区域间的经济政治发展不平衡以及社会文化背景和自然地理因素等方面的差异所致，并非与国际法发展的本性有什么不合。

因此，可以说，其他区域性国际组织及全球性和综合性的国际组织——联合国［或者哪一天可能的话"世界联盟"（The World Union，WDU）］今后会不会或能不能步欧盟之后尘的问题，基本上是一个政治问题而不是法律问题，是实践问题而不是理论问题。这样的发展，在学理上和法理上，都是没有任何障碍的。

三、"主权平等"与"国际新秩序"

目前，人们对于"主权平等"原则的理解主要是各国政府地位平等。这是对的，但同时又是很不够的。以笔者之见，主权平等的要义在于各国人民对主权的权利及由主权所派生的权利均各平等。原因在于：

第一，国家是由人民组建的，人民组建国家的目的在于造福于人民。如果国家主权平等的原则仅限于实现各国政府之间的平等，那是本末倒置，背离了人民组建国家的初衷。

第二，世界上的国家大小各不同，一个大国所代表的人民可能是小国人口的几千、几万倍。在这种情况下，如果各国"主权平等"仅只意味着各国政府地位平等，而不包含（并落实为）各国人民权利平等的话，那是有失公平和有违公理的。

这样看来，主权平等的真正含义是：一方面，国家不分大小，代表她们的主权政府一律平等；另一方面，各国的人民不论整体还是个体也都应当一律平等。

当然，从仅有各国政府地位平等（政府平权）到各国人民相互之间权利义务均平等（人民平权），这是一个相当漫长的历史过程。而各国人民之间的权利义务完全平等，也就意味着世界大同。因此，只有当国际社会的组织化和法制化随着各国的经济、政治、文化发展逐渐趋同而达到一个相当高的水平时，这一目标才能实现。今天，我们距离这一目标还相当遥远，但"千里之行，始于足下"，某种修正的"联合国大会两院制"的采用，当不失为迈向这一目标的第一步，在这种新的体制下，联大国家院仍一国一票，而人民院的代表或议员则可一人一票。

此外，值得提及的是，考虑到罗马帝国在罗马市民与海外各行省人民之间实现权利平等的条件尚未成熟时曾经采用过"一国两法"（即市民法与万民法并存）的方式来确立其秩序，也考虑到邓小平提出并已在香港、澳门得到实行的"一国两制"新经验，则当世界各国人民实现"平权"的条件尚不具备时，也可以按照"一球多制"和"一球多法"的原则，首先在全球范围内建立起必要的集体安全秩序及其他一些方面有限的共同秩序，在此前提下允许各国在其"内政"范围内各行其"是"。这样，就可以避免各国在行使主权时"无法无天，各行其是"，从而，通过法律的二重化（即二层化）实现全球法制统一。

显然，此种"超国家"与"主权国家"在上、下两个不同层次上相互配合、协同运作的双层结构和二重化，与那种要么全球一国（世界国家），要么列国绝对自由并以主权为盾牌不受国际法约束这两个极端相比，无疑更有利于国际新秩序的建立。毋宁说，它本身就是一种新体系和新秩序。

应当承认，国家主权原则在人类社会进步、法律圈层扩大和建立国际新秩序的过程中既有消极作用也有积极意义，但比较而言其积极面目前仍占主导地位，故而在总体上是积极的。其积极作用，具体地体现在这样的事实上：一方面，国家主权原则是建立国际新秩序的"推动力"，即只有各国政府和人民拥有主权时，他们才能真正掌握自己的命运，才能通过相互平等的协商对话和国际协约创造出公平、公正的新游戏规则，亦即建立起必要和合理的国际社会法律新秩序；另一方面，国家主权原则又是主权转移即法律圈层扩大和"群际法"向更高层级"共同体法"过渡过程中的"制动器"，它本身虽不足以避免或阻止一个主权实体（如国家）被征服，但却可以在社会已经演进到通过和平手段和契约方式实现人类法律圈层扩大的时候为本国（本群体）人民争得一个公平、公道的待遇以及在新的更大群体中尽可能平等的法律地位。这在当今的全球化时代，对于广大发展中国家政府和人民来说，也是争取平等受益和不被边缘化的有力武器。